极简理财指南

THE MEANINGFUL MONEY HANDBOOK

[英] 皮特·马修（Pete Matthew） 著　　薄媛慧 译

中信出版集团 | 北京

图书在版编目（CIP）数据

极简理财指南 /（英）皮特 · 马修著；薄媛慧译
. -- 北京：中信出版社，2021.7
书名原文：The Meaningful Money Handbook
ISBN 978-7-5217-3250-4

I. ①极… II. ①皮… ②薄… III. ①投资－基本知
识 IV. ① F830.59

中国版本图书馆 CIP 数据核字（2021）第 119851 号

极简理财指南
著者：　[英] 皮特 · 马修
译者：　薄媛慧
出版发行：中信出版集团股份有限公司
（北京市朝阳区惠新东街甲 4 号富盛大厦 2 座　邮编　100029）
承印者：北京诚信伟业印刷有限公司

开本：880mm×1230mm 1/32　印张：7.75　字数：148 千字
版次：2021 年 7 月第 1 版　印次：2021 年 7 月第 1 次印刷
京权图字：01–2020–0171　书号：ISBN 978–7–5217–3250–4
定价：46.00 元

在我所认识的人中，皮特是最乐于与人分享金融智慧的。他不遗余力地帮助那些想要掌握自己财务命运的人。金钱是无形的，财务上的成功与否在于我们未来的问题是否能够得到解决。皮特把这些探讨引入生活，告诉我们究竟必须知道些什么，更重要的是，应该如何做。

安迪·哈特（Andy Hart），Maven 顾问、Maven Money 播客主播

这不是一本为专家写的书，而是一本人人都可以读的书。皮特是一个难得的人才，也是一位直率坦诚的专家。

克里斯·巴德（Chris Budd），《财务健康》和《永恒的事业》作者

作为一名营销人员，我在职业生涯中一直痴迷于让事情简单化，无论是产品、流程，还是我们沟通中使用的语言。我不认为金融服务业擅长这一点，这就是为什么很多人不会去考虑他们的财务状况。学校课程中财务教育的匮乏，也加剧了这个问题。皮特·马修的这本书，是我读过的最好、最简单的个人理财指南。它能帮助各个年龄段的人理解和掌控自己的财务状况，我认为它应该成为学校用来为学生未来打下财务基础的教科书。

罗杰·爱德华兹（Roger Edwards），营销顾问，营销与金融播客主播

皮特多年来一直在坚持制作高质量的内容，他是我非常尊敬的一位理财规划师。他以将智慧简单化而闻名，这也是《极简理财指南》这本书的一大特色。他为数百名客户制订了理财计划，更棒的是，我们能从这本书中了解到人性的视角，而不仅仅是理论。它会帮你洞察自己的财务状况，并为之提供建议。

亚当·卡罗兰（Adam Carolan），Xentum 董事总经理，
NextGen Planner 联合创始人

我热爱皮特的作品，他在把复杂的事情简单化方面表现得非常突出。他每次演讲的语调、语言和演讲风格都能令人耳目一新，同时还能积极促进听众参与。

大卫·弗格森（David Ferguson）, Nucleus Financial Group 创始人兼首席执行官

从第一个视频开始，到播客，再到现在的这本书，我一直在通过“掌控金钱”播客关注着皮特的工作。他用一种独特的方式来解释关于金钱及财务的一切，既通俗易懂又令人愉悦。这本书对处于经济生活任何阶段的人来说，都是一本很好的指南。

理查德·阿勒姆（Richard Allum）, Paraplanner 创始人

皮特是金融界真正的好人之一。知识渊博，平易近人，有让公众积极参与理财的天赋。这本书是“掌控金钱”播客迈出的合乎逻辑的新的一步。这本实用的理财指南，出自一个我极力推荐的理财规划师之手，没有任何华而不实的内容。毋庸置疑，它将改善那些阅读它的人的生活。

达米安·费伊（Damien Fahy）, MoneytotheMasses.com 创始人

这是一本很精彩的书，用如此简单的方式解释复杂的财务问题，非常接地气，就如皮特·马修本人一般。我喜欢皮特使用的语言，“你需要知道的”（everything you need to know），“你需要做的”（everything you need to do）。正如他所言，没有什么花哨的，只有简单明了的指导。值得一读。

林恩·詹姆斯（Lynn James），知名理财博主

致乔安妮（Joanne）、艾莉（Ellie）和凯特（Kate）

感谢多年来给予我空间创建和运营“掌控金钱”这一项目。
你们坚定的支持对我来说就是整个世界，恰如我的氧气。
没有你们的爱和鼓励，我或许什么都不是。

我全心全意地爱着你们，
以此书献给你们。

序言

在电影《布莱恩的一生》(*Life of Brian*)中，就像雷格(Reg)问的：“好吧，除了环卫、医疗、教育、葡萄酒、公共秩序、灌溉、道路、淡水系统和公共卫生设施，罗马人为我们做过什么?”

如果你没有看过这部电影，那么非常抱歉我拿它举例子。但它确实指出了我们所有个人知识和理解中可能存在的最大缺陷——金钱以及我们究竟如何规划自己的财务。我们大多数人都接受过相当广泛，有时甚至严格的教育系统，我们当然会被告知，这些都是在为我们的职业生涯做准备。

回到电影中的雷格。罗马人没有做到，我们的教育系统同样也没有做到的，是提供任何可信的，甚至实用的金融教育形式。

就金融教育而言，这似乎是一门普通经济学课程所涵盖的内容，但我个人认为这是一种倒退，而不是创造性的一步。我们的女王向伦敦政治经济学院提出过这样一个问题，“你们当中是否有人能够预测到我们所有人经历过的最严重的金融危机？”答案当然是没有，尽管许多评论家已经能够调整他们以前的评论，试图改写历史。

事实是，不仅很少有人能预见到这样的灾难，而且更少有人能够指出明确的方向和建议，告诉我们应该去做些什么，不管是为了投资者，还是为了更多的人。

在这种金融无知的可怕背景下，我们必须强调一下某些不懂金融的政客的行动，他们不断改变有关投资、养老金、储蓄和税收的规则。所有这些变化的结果，至少都是令人尴尬的，从根本上来说也是不负责任的。

因此，我们需要一个有明确常识、实际理解能力和惊人沟通能力的人。我们或许已经找到了一种方法，将混乱的货币体系转变为坚实的金融基础。

皮特·马修是我们都应该知道、理解和学习的杰出榜样。他关于个人和家庭财务规划（不是家庭规划，他把这个留给其他人去做）的方法是一些完美、合理的常识性原则。

有时候，金融服务业的设计似乎是为了行业本身的利益，而不是为了客户的利益。

皮特以另一种方式处理问题——从客户的角度。无论是单身还是多代同堂，我们中的许多人都会以某种形式受到各种各样的现代关系扭曲和变故、离婚以及随之而来的不同子孙后代的影响。

了解了个人的问题和需求以后，你就可以开始组装财务“材料”，来构建一个可以满足自己未来所有关注和需求的财务规划。这不是常识吗？是的。同时，也会带我们远离那种每天都被各类产品充斥的世界。

皮特向我们展示了我们的未来如何得到保障，并且避免找到一个聪明的税务骗子，他没有试图把我们所有人都培养成沃伦·巴菲特那样的投资大师。他的方法是专注于我们未来的需求，虽然其中有许多我们自己还无法完全量化，但我们可以为之做好准备，并确保我们所有人都能拥有代表财务未来的关键词——信心。

有一句相当老掉牙的话适用于此：“不要计划投资；而要投资于你的计划。”是的，这是老生常谈，但坦率地说，在任何行业都是如此。而且，以同样的方式看待你的家庭财务状况，会让你从一个完全不同的角度来理解你平时从媒体上收集到的信息。这些信息似乎只是想给我们提供一种对财务失败的恐惧，或者一种充满幻想的快速致富的诱惑。

同时，皮特带领读者经历财务控制和规划的过程。在某种程度上，这不仅容易理解，而且实际上还充满了乐趣。在他看来，金钱太重要了，与金钱打交道千万不能有枯燥无味感。

我有幸认识皮特已经有好几年了，并且看到了他的方法和知识的实际成果。我可以坦诚地说，正是通过他的创作，包括写作和视频博客，他改变了人们对待自己辛苦赚来的钱的方式和行动。

这一主题对我们所有人都至关重要，太重要了，不能留给一个不够完美的行业，也不能留给某些固执己见，但缺乏经验和不负责任的政客。

他认为这不仅仅是你和我个人的问题，也不仅仅是我们的家庭的问题。实际上，在未来几十年里，这个话题对我们老龄化社会的每个人都至关重要——不仅对“明天”重要，而且对“后天”更重要。

阅读和理解此书对我们所有人来说都是必不可少的。谢谢你，皮特，你写了一本很棒的书，读起来很棒。

贾斯汀·厄克特·斯图尔特

（Justin Urquhart Stewart）

七投资管理公司联合创始人

前言

我一直想写一本书。我父亲已经写了半打了，所以也许写作的需求已经编码在了我的 DNA（脱氧核糖核酸）中。然而，在开始写作前，必须首先规划一份纪律准则，这一点总是让我感觉自己离写书太远了。

但当哈里曼出版公司（Harriman House）找到我让我写现在你手上拿着的这本书时，他们让我意识到，在过去的 5 年里，我实际上每周都在写这本书的内容。每周我都会制作并发布“掌控金钱”播客，这个播客被成千上万的听众下载。大多数主播都是在麦克风后用要点和即兴重复的方式来计划节目，但是我把我的脚本打得很长——这是我构建思路的方式。

每次节目的时长大约为半个小时，脚本大约 3 000 字。在撰写本书时，我已经播出了 250 多集，总计 75 万字左右。如果那是一本书，那么它会有约15厘米厚！我打赌你很庆幸它不是。

从某种意义上说，这本书已经完成了，只要从我已经写好的一大堆文字中精简出来！

在写作的同时，我在“掌控金钱”网站上发表了600多篇文章，播客的听众总是问我应该从何处开始。你现在拿着的这本书是我能给到的关于这个问题的最佳答案。

我对这个结果很满意，我也很享受写这本书的过程。我希望你能从阅读中得到与我一样多的乐趣和灵感。

这本书是给谁看的？

这本书是为绝大多数这样的人而写的：他们工作，赚取收入，试图每月节省一点钱，或试图偿还他们的信用卡债务。它为平凡的普通人而作，正如你和我这样努力为自己与家人建立一个安全的财务未来的普通人。

在这本书中，你将学习如何尽快摆脱债务，学习良好的财务控制技巧，从而避免陷入债务危机。

你会发现保险的重要性，它将为你建立坚实的财务规划打下基础，保护其不被意外的灾难摧毁。

最后，你会学到如何有效地储蓄和投资，这样你就可以朝着财务自由的方向努力。

如果你要为自己的财务未来负责，但不知道如何实现你的财务目标，这本书对你而言就再适合不过了。

为什么这本书如此必要？

让我们面对现实，有很多优秀的个人理财图书已经存在，那么为什么还需要另一本呢？

大多数关于金钱的图书要么面面俱到、包罗万象，要么仅仅专注于某一个领域，比如房地产投资。而这本书的不同之处在于，对于大多数人来说，它包含了你在追求财务自由的道路上需要知道的事情，以及需要做的事情。

这是什么意思呢？

这本书仅仅关注你必须知道和你必须做的事情，而不是用你不知道的东西把事情搞得一团糟。它包含了你需要遵循的步骤，让你的财务足迹保持在正确的轨道上，不会被那些只有一小部分人才需要了解的个人财务细节分心。

例如，当我在写这本书的时候，一对高收入的夫妇每年可以存2万英镑到个人储蓄账户中，存4万英镑到养老金账户中。仅这两种主要储蓄工具就有 12 万英镑的储蓄潜力。而每年只有极少数人能够存比这更多的钱，所以我谈论了很多关于个人储蓄账户和养老金账户的事情，但没有谈论太多关于那些通常属于富人的另类投资。

对于大多数人来说，如果你不断地学习和执行本书中的简单步骤，你将永远不需要做任何其他事情，至少在退休后的那段时间里不需要。

我们之所以需要这本书，还有一些其他的原因。

我们的学校不教理财

没有人生来就会开车，所以，我们要去上课，不断练习操作技巧，学习理论知识，然后通过测试，才能轻松上路。

同样，除非接受一定的教育，否则凭空去指望一个人拥有理财知识和能力是非常荒谬的。然而，个人理财的教学在我们的学校课程中是明显缺失的。

当我们离开中学后，一部分人会进入大学。在那里，我们第一次被期望处理我们自己的金钱，包括了解学生财务系统。

最终，我们都不得不独自面对风雨，离开家庭，自己一个人或者与伴侣一起来建立新的家庭。但是，除非有人教给我们有关金钱的知识，否则我们中的许多人仍然没有准备好迎接成人生活中的财务挑战。

我们为今天而活，但明天即将来临

人们对生活和未来的态度已经改变。前几代人本能地理解为未来储蓄的必要性，以及债务的危险。我的老客户都告诉我，他们从来没有在没存款之前买过任何东西。而年轻的客户通常都会先购买想要的东西，后期再付钱。

在我看来，今天的人们（包括我自己在内）比我们的前辈更活在当下。我完全支持 YOLO（You Only Live Once）[①]，但是我们中的大多数人会活得很长久，在未来的很多年里，我们可能不会愿意或没有能力去工作谋生。

这意味着我们需要在现在的生活和明天的计划之间取得正确的平衡，因为明天肯定不会自动做好计划。

自私的个人理财业喜欢把事情复杂化

个人理财充斥着奇怪的术语和缩略语，有时候一个词可以代表 3 种不同的意思。金融服务业的各个阶层都能从这种复杂性中受益，他们创造了一些名为风险投资信托（Venture Capital Trusts）、相关人寿计划（Relevant Life Plans）和永久健康保险（Permanent Health Insurance）的金融产品，然后向你收取购买费用。

复杂性意味着你需要依赖专家，而专家是要花钱的。值得庆幸的是，互联网正以前所未有的方式推动个人理财的民主化，以浅显的语言简单、有效地呈现产品。但是还有很多事情需要被解释，这就是“掌控金钱”播客以及这本书存在的原因。

① 对于那些不太喜欢孩子的人来说，YOLO 意味着你只活一次。准备好吧，当你提到这一点时，年轻人会试图嘲笑你装酷。但你要昂起头：你很酷。

为什么是我？

最后，你可能想知道我有什么资格向你解释这些东西。在过去的 20 年里，我一直在为客户提供理财建议。我是一名特许理财规划师和国际金融理财师，这是英国最高的理财水平资质。

我也喜欢和别人一起工作，帮助别人。并且，我意识到自己成为一名顾问其实根本不是为了钱，而是为了我的客户。为了最有效地为他们服务，我需要了解他们的愿望、希望和恐惧，然后帮助他们管理财务，使他们能够尽可能高效地度过一生。

具有讽刺意味的是，在遇到我妻子之前，我自己其实并不善于管理自己的财务。当我还是个学生的时候，每当我去自动提款机，我总是闭上眼睛，因为我不知道它是否会给我钱。结婚的时候，除了两个键盘和一笔助学贷款，我什么都没有。相比之下，我的新婚妻子用她积攒下来的钱买了一辆崭新的汽车，她的银行账户里还有信用余额。

我明白挣扎着摆脱债务是什么滋味，我也知道管理顶级财富是什么感受。自从创办"掌控金钱"以来，我花了 8 年时间把我学到的东西浓缩成两部分：你需要知道的和你需要做的。正如你将看到的，这两句话会在本书中反复出现。

这本书的结构是怎样的？

首先，你会看到引言，其中第 1 部分介绍心态的重要性，

第 2 部分介绍掌控财务的 3 个实际步骤。这 3 个步骤是本书其余部分的基础，它们是：

（1）花的比赚的少。

（2）投保抵抗灾难。

（3）智慧投资。

你会发现，当你读这本书的时候，内容会逐步深入。但不要因此而却步——等到你准备好踏上这段旅程时，我会用你能理解并付诸实践的语言为你解释。

我已经向你介绍了我最喜欢的一句话：**你需要知道的和你需要做的。**

几乎所有的章节都围绕这两个领域展开，这样在你将它们付诸行动之前，你就会对每一步骤所涉及的原则有所了解。没有行动的知识只是理论。没有思想和计划的行动是草率的，很可能导致错误。在实际应用这些知识之前，先理解它们，这才是神奇之处。

这本书是按照从头到尾阅读的方式设计的，依据从预算基础到实际投资技巧的逻辑展开。你可以一步一步来，这样你会更好地理解。

如果你致力于自己的财务未来规划，但不确定如何实现，那么这本书就是为你准备的。

当你遇到一些让你重新评估自己财务状况的事情时，你也可以根据需要阅读这本书，更新你在某个特定领域的知识。

《极简理财指南》是一本实用的理财指南，通过剔除你无须知道的部分，提炼你必须知道的知识，使其变得可理解和可操作，从而使你在理财方面取得成功。

你准备好了吗？好。让我们开始吧。

目录

引言

有关金钱的心态

在我们进入确保你的财务未来的实践之前，我们要先来谈谈心态。

你知道的，无论如何定义，成为富人都需要一段时间，或者说理应如此。有很多一夜暴富的故事，比如彩票中奖或18岁的足球超级明星被征召进英超，但很多故事主角最终破产、抑郁，靠救济金生活，因为他们从未学会以正确的方式处理自己的财富。

在我看来，慢慢变富是最好的方法。为什么？因为如果你小心谨慎地积累财富，你就会养成好习惯。当你想要把脚从油门上挪开，让自满情绪占据上风时，坚持不懈养成的这些习惯会对你大有裨益。此外，当你已经积累了一些财富的时候，这些习惯将帮助你做出明智的决定，明智地使用你的金钱。

金钱对人有一种不可思议的力量，所以从一开始，把你的头脑放在正确的位置是很重要的。记住这一点，以下是书中第一次出现的“你需要知道的和你需要做的”，来帮你拥有一个正确的心态。

你需要知道的

这个世界充满了干扰

如果你看过精彩的迪士尼电影《飞屋环游记》(*Up!*)，你就会记得狗狗道格，它总是容易心烦意乱，喜欢高声喊：“松鼠！”

在你的一生中，努力按照我在这本书中列出的步骤去做，在这中间可能有很多事情会吸引你转过头去。比如，对我来说，闪亮的新设备带来的是更高的分辨率、更快的速度或更高的质量。我是那种会在网上实时观看苹果新产品发布会的人。

我也知道，花在这些事物上的钱不是为我家庭的未来而存的钱。我并不是说我不能把钱花在这些东西上（当我敲下这些字的时候，我周围都是苹果的标志），但我这么做的时候，首先要考虑这些东西对我的工作是必要的，这样我挣的钱就会比我买它们花的钱多。我认为买这些东西是一种投资，但也有可能只是我的自我辩护！

你也会有自己的弱点和让你分心的事情——关键是要意识到它们，并为如何处理它们做好准备。

财富属于那些有意识的人

在这本书中，你会读到很多关于意向性的内容。没有计划和努力，任何有价值的事情都不会发生。没有一名奥运会运动员可以轻松站上领奖台，那需要多年的计划、训练、营养、汗水和泪水。

同样，很少有人不努力就能致富。在绝大多数情况下，我过去 20 年中的客户几乎都遵循了本书中的步骤。他们中的许多人已经创办了自己的企业；其他人从事的职业也能够满足他们为自己的未来存钱的需求。很少有人能够继承大笔财富或中彩票。

他们中的一些人从父母或其他导师那里学会了良好的财务管理知识。他们大多数都是边做边学。他们能够始终如一地做出正确的决定，而且他们心中都有一个目标，这个目标影响了他们的决定。换句话说，他们是有意为之，你也需要这样做。

或许这对你来说不是一个好消息，也许你拿起这本书的时候希望创建一个不需要付出任何努力，就能保证财富的体系。那么，很抱歉。

好消息是，积累财富虽然并不容易，但也没那么困难。更加幸运的是，有一些方法可以使大部分过程自动化，我将与你分享这些方法。但你必须始终要对管理财富抱有责任感。

没有人比你更在乎你自己

这取决于你。你只要对你未来的财富负责。这是个好消息，因为没有人会比你更专注于此项任务。

是的，你的家人可能会关心你，有一天你可能会继承一笔遗产。但为什么要把你的财务未来交到别人手里呢?

是时候像个“大人”一样抓住自己的未来了，因为没有人会为你做这件事。

你需要做的

想象你的未来

这听起来可能有点空洞，但它可以帮助你集中注意力。如果经济有保障，你的未来会是什么样子?试着把这个问题的答案列举出来。

注意，我没有说“如果你很富有”。财务安全意味着拥有足够的钱，但不是拥有无限的资源。我把它定义为没有债务，有足够的收入和资产，过着舒适但不奢侈的生活，并能够在需要的时候帮助你的家庭。

你呢?对你来说，经济上有保障的生活是什么样子的?是一幢比你现在的住所大得多的房子吗?还是一辆更好的车?体验呢?你想要更多的时间去旅行吗?如果你能在世界上任何地方醒来，你会在哪里醒来？和谁在一起？

当思考这些事情的时候，注意一下自己的情绪。如果你不欠任何人钱，你会是什么感觉？如果你能慷慨地给家人或你最喜欢的慈善机构捐款，这会对你的幸福感有什么影响？

财务自由是一件好事。尽管我自己还没有达到这个目标，但当我经过计算之后告诉我的客户，他们的财务状况允许他们现在就可以退休了，而不必再等 5 年或者 10 年，我总是能感受到他们那种强烈的情绪。

必胜的决心

最后，你必须决定你是否真的想要所有你刚才想过并写下来的那些东西，并且，你必须坚持自己的决定。

正如我所说，财务自由是一个漫长的过程，在这个过程中必定会有干扰。你需要理解这一点，即使你知道这是事实，你也需要决定继续朝着财务自由的目标前进，并在某一天达成这一目标。

你需要保持高度专注，不断从日常琐事中抬起头来展望未来，即便它看起来还很遥远。用“未来某一天”的角度看问题，会帮助你在此时此刻做出正确的决定。

我再说一遍：这取决于你，而且只有你。你可以获得财务自由。在你之前，已经有无数的人这样做了，几乎毫无例外，他们在一定程度上遵循了本书中的 3 个步骤。你也一样可以做到。

让我们来讨论一些实际问题吧。

财务自由的 3 个步骤

每周制作一个播客可以帮助我完善自己的思维体系。如果我不想因为无聊的内容而失去我的听众，我需要把事情安排得很紧。

财务自由的 3 个步骤并不是我的灵光乍现，而是我突然意识到，当我和别人谈论金钱的时候，我总是在重复一些事情，而这 3 个步骤也成为一个反复出现的主题。

这 3 个步骤的本质是，如果你接受它们，并随着时间的推移不断地执行它们，你基本上就能够获得财务自由。毕竟，正如我们将看到的，让自己走上正轨其实是很简单的。哦，其实这也并不容易——它需要努力。但你必须要做的事情又不是火箭科学，没有那么困难。

我相信大多数人在临近退休以前都没有需求去见理财顾问。而到那时，你会面临一系列令人眼花缭乱的选择，向一位合格且经验丰富的顾问寻求帮助就成了一个非常好的主意。

在那之前的几十年里，人们可以自己管理事务，因为积累财富并不复杂。真的，如果人们月复一月、年复一年地坚持这 3 个步骤，那么即使没有专业的建议，他们也会过得很好。

这 3 个步骤是什么？

（1）花的比赚的少。

（2）投保以防灾难。

（3）智慧投资。

如上所述，这 3 个步骤是本书结构的核心。让我们逐一介绍它们，然后在接下来的章节中更详细地讨论它们。

第一步　花的比赚的少

支撑你财务自由的基本技能是你花的比赚的少的能力。这对很多人来说都是非常困难的，但是做不到这一点，你将什么都得不到。

现在，我了解到对一部分人来说，花的比赚的少可能是无法实现的，也许是因为他们背负着无法控制的高额债务。或者他们失业了，没有任何收入。这些都是我稍后会处理的特殊情况，但是我们大多数人都没有出现这种情况，希望永远不会出现。

我们大多数人每个月都有稳定收入。当然，如果我们以佣金为基础或轮班工作，收入可能会有一些起伏，但即便如此，我们也能有一份相对可依赖的基本收入。

当然，我们也有支出，而且这些支出中的大多数从一个月到下一个月将基本相同。诀窍在于使花出去的钱比赚得的少，然后利用剩下的收入来保护自己不受意外事件的影响，为自己的未来做好准备。

当然，有两种方法可以让你花的比赚的少：你可以花得少，也可以赚得多。到目前为止，最好的方法是两者兼顾。

第二步 投保以防灾难

虽然这本书可以帮助你控制你的财务状况，但是生活中有很多事情是无法控制的。

早逝很糟糕，原因有很多，但其中一个原因是，早逝可能会给你的身后之人带来经济影响。如果你有债务，那么它不会在你去世后被抹去，有人需要继续偿还。

被诊断出患有癌症、心脏病或失明等严重疾病将产生巨大影响，因为你要忍受病痛。而你的收入可能不得不中止，但你的债务和其他支出仍然需要支付。当你竭尽全力试图去进行治疗时，这些支出将给你的生活增加难以想象的压力。

最后，随着年龄的增长，无论什么原因你都将不能工作，这意味着你的收入迟早会中断。是的，国家福利体系应该可以提供一些帮助，但你很有可能已经习惯了靠比这更多的钱生活。你能想象因为严重的背痛、慢性疲劳或衰弱的抑郁症而无法谋生导致失去自己的家吗？这些并不是真正意义上的严重疾病，但它们将在很大程度上影响你的财务生活。

幸运的是，有一些方法可以减轻这些事件的影响——通过保险，以及在应急基金中储备一些资金。关于你可能需要多少保险，以及你应该拿出多少应急基金，以便让你远离最糟糕的生活状况，我也会给你提供一些建议。

第三步　智慧投资

这个词组看起来很简单，背后却有大量细节。到目前为止，我被问得最多的问题就是如何开始投资。学会做预算和还清债务实际上很简单，在后文中你很快就会看到，但是当涉及为未来存钱时，我们面临着一系列令人眼花缭乱的选择，这通常意味着我们可能最终什么都没去做。

你的短期投资是多少，长期投资又是多少？你应该使用养老金账户，还是个人储蓄账户，或者两者都使用？一旦做了决定，你会选择 3 000 个左右的投资基金中的哪一个？买房子怎么样？还是买黄金或比特币？

投资时可接受的收费水平是怎样的？税收呢？你如何将其最小化？难道政府没有钱来帮助储蓄吗？储蓄和投资的区别究竟是什么？

明白我的意思了吗？所以，问题有很多。

但是，还是那句话，大多数人只需要坚持做几件事。我将通过提供简单的解决方案来消除所有的复杂性，无论你目前的情况如何，这些解决方案都将对你有效。我在这本书中提到的原则可以改变你未来的财务状况，如果你在这些事情上采取行动，你可以取得惊人的效果。

这样足矣

是的，差不多了。这本书没有详细介绍你退休后需要做的选择。我把它留到以后的书里。它也没有讨论使用离岸信托进行复杂的房地产规划，因为需要这些的人最好寻求专业建议。

但这本书确实告诉了你你需要知道的，以及你需要做的事情。把以上 3 个步骤始终嵌入你的生活。这样做，你未来的财务自由就能得到很大的保证。

让我们向前迈出第一步吧——花的比赚的少。

第一步
花的比赚的少

花的比赚的少是我们3个步骤中的第一步，也是其他一切的基础。如果你做对了这一步，那么剩下的部分也会很容易被一一安排妥当。

在这一部分内容中，我首先介绍为什么要费心做预算，以及学习做预算能带来的好处。

然后，我会向你提供一套经过检验的、能够让你每个月的花费都低于你的收入的系统，包括一些我自己使用的能让此过程尽可能轻松的技巧。

对很多人来说，债务是我们每天都要面对的问题。不欠别人任何东西难道不是很棒吗？我将为你展示一种称为“债务雪球”（Debt Snowball）的逐步解决方法，它将帮助你尽快且无痛苦地还清债务。

当手头紧张的时候，你可能会觉得在你享受自己的金钱之前，其他人就先从你的钱里分了一杯羹。税务员、房东、电力供应商、手机公司和超市都能从你的钱中受益，但你呢？

良好的财务管理的一项基本原则是先支付自己。你将在实践中了解到这意味着什么，以及如何始终如一地实践它，这样你就能比任何人都先从自己的血汗钱中获益。

最后，我还会帮助你学会如何应对不可避免的挫折，这些挫折可能会阻碍你前进。

这一部分内容关乎帮助你建立良好的习惯。习惯的好处是它们很快就会成为第二天性。

我们开始吧。

第 1 章　为什么要费心做预算

除了恐惧，能让人感觉深受打击却又极其无聊的事情就是**预算**。

正如金融行业中的其他词汇一样，预算也有多种含义。比如，每年 11 月的某个星期三，英国财政大臣都会在唐宁街 11 号外举着一个红盒子。另外一件能让我们联想到的事情就是地方政府的预算削减——我们的医院可能减少床位，或者干脆关门大吉。

但我在这本书中赋予这个词的意思是，设定一个每月的支出计划，这样你就知道自己的钱都花到哪里去了。

实事求是地说，大多数人都懒得做预算。他们或许清楚自己在下次领工资之前还剩多少钱，并会在那之前把事情搞定，但这不是预算。

预算也并不只是追踪你的支出，尽管这可能会是过程中的一个环节。

预算是在告诉你手中的每一分钱应该放在哪里，应该如何使用。换句话说，预算是具有前瞻性的。它关乎以最好的方式来部署你的资源，就像一个陆军将军计划部署军队一样。

一部分钱将用于购买水、电或网络服务，其他的将用于偿还债务，也有一些将用于娱乐，如兴趣爱好或外出就餐，还有一些将用于为未来储蓄。

但你为什么要如此费心呢？为什么不即兴发挥，试着把每个月月底剩下的钱（无论多少）存起来呢？

掌控你的钱，否则它会掌控你

个人理财的一个不变的规律是，增加支出去追赶收入。换句话说，除非你计划周详，否则月底不会有任何结余。

你可以抱着一个很好的初衷去开始新的一个月。也许你上个月加薪了，而且近期没有什么大额账单。好消息是——这个月你可以存一些钱，或者从你的信用卡余额中多消费一些。但除非你马上这么做，否则你会发现额外的钱在一个月内就会消失。

也许你会比之前多外出玩儿一晚，也许你会网购一些比原计划更多的物品，或者享受一些额外的拿铁咖啡。无论如何，在发薪日再次到来的时候，额外的钱很有可能已经花光了。

然而，金钱是可以被迫服从你的命令的。你可以掌控它，并且你必须掌控它。如果你不这样做，那么你将永远只是一个被动的观察者。随着你的财务状况一直不见好转，你会感到越来越沮丧。

如果你掌控了自己的金钱，强迫它去做你想做的事，那么它将为你的余生提供良好的服务。

制订预算是第一步。

了解你自己

成功的预算需要你了解自己。如果你有意识地保持自我意识，那么它会在掌控财务方面给你极大的帮助，在生活的其他方面也是如此。

多年来我一直在节食，但直到现在我才意识到是什么触发了我想要去酒吧的想法。这跟在易贝（eBay）上按下“立即购买”按钮购买不需要的东西的欲望非常相似。

我明白了，如果我感到疲倦、心烦意乱或不堪重负，那么我的防御能力就会下降。我会尽量避免这些状态，但同时我也意识到，当我有这样的感受时，我是脆弱的。

涉及预算时，你要学会观察类似的、无用的触发因素，它们可能最终导致你把钱花在不需要的东西上。你会意识到什么时候是制订预算的最佳时间，以及在做预算时喝葡萄酒这件事情是否明智。

了解自己是提升自我的第一步，这也是我们共同的目标，对吧？

掌控财务是成年的标志。问题是，我们很多人从来没有在学校或家里学过这些东西。如果我们能让鸟儿和蜜蜂说话，我们将多么幸运。但我敢打赌，很多孩子不得不忍受这种尴尬的谈话，而不是被教导如何管理支出和储蓄。

所以，这取决于你。幸运的是，尽管你有责任，但你并不孤单。这本书是你掌控自己财务的起点。

总结：为什么要做预算

- 在学会控制金钱的过程中，你将学会有价值的自我控制。
- 做预算就是让你的钱知道谁才是老板。你说了算，你来告诉你的钱它们将被如何使用。
- 在制订和坚持预算的过程中，你很快就会发现那些容易引诱自己重新养成坏习惯的薄弱环节。
- 这些倾向，一旦被发现，可以通过预算的力量加以纠正。

第 2 章　花的比赚的少

这听起来很简单，是吧？但其实我们都知道，有时候在不透支或不动用储蓄的情况下撑到下一个发薪日，简直就是一个挑战。

记住，花的比赚的少是支撑你个人财务所有其他方面的核心技能。当然，有两种方法可以让你花的比赚的少：你可以花得少，也可以赚得多。

赚得多当然是可以实现的。你可以要求老板给你加薪，或者你可以重新接受培训，开启一份不同的职业。现在网上也有很多赚钱的方法。但是如果你喜欢你现在的工作，畏惧你的老板，或者不精通电脑怎么办？

花得少则完全能在你的掌控之中。你可以做到这一点，而且你不需要依靠任何外部因素，比如加薪或换工作来帮助你，你可以从今天开始。

以下是如何做。

你需要知道的

1. 预算就是向前看

我花了数年时间仔细记录我的钱都花到哪里去了。每个月，我都会尽职尽责地更新我的预算软件，确保所有交易都归到了正确的类别中，并仔细阅读报告。我可以一分钱不差地告诉你我在电费或手机费等方面花了多少钱。

由此我可以推断出我可以在哪些地方省钱，但我从未采取下一步，那就是列出下个月我将在每个类别上花多少钱。

我总是在回顾过去，虽然这很有帮助，但这并不是预算的重点。

预算是有目的和前瞻性的。它决定了在未来的几天、几周里你应该把钱花在什么地方。毕竟，这是你的钱，所以你应该告诉它去哪里。我很快就会讲到你该如何去做。

2. 你应该把预算精确到零

当你决定每个月应该花多少钱买什么东西时，你应该确保每一块钱都被计算在内。我将此称为精确到零。

例如，假设你每月有 1 200 英镑需要做预算。在你为每个类别分配了金额之后，剩了 100 英镑并未计算在内。这可能是你用来作为回旋余地的资金，以防这个月会出现什么差错。但根据我的经验，这样的做法可能导致计划和执行的混乱。更准确地说，我们应该确保剩下的 100 英镑花得更明智，而不是白白浪费。

如果是我，我会选择把这 100 英镑增加到自己的储蓄项目中，并加倍确保将其他项目保持在预算内。或者，我可以选择用这 100 英镑支付一顿丰盛的晚餐。有意识地做总比为预算宽松找借口好。

3. 预算最好是一起做

如果你是单身，只对自己负责，那么你可以略过这一点。但如果你是一对夫妻或一个家庭中的一员，你的预算会影响到其他人，我建议你们尽一切可能一起制订预算。

对一些夫妻来说，做预算会比其他人更容易。在许多伴侣中，有一个人会自然而然地对这些事情感兴趣，而另一个人则乐于让对方去处理。但是，共同的财务目标能让人们以一种切实可行的方式走到一起。

很快你就会知道，预算并不需要花费大量的时间，也不一定就是无聊的。事实上，当你能看到那些掌控金钱所带来的好处时，你会真正享受这个过程！

我和乔安妮结婚后，她从第一天起就掌控了家里的经济状况。这是件好事，因为如果让我来做，我们可能几个月的时间就要流落街头了。大约每隔一周，当她核对完银行账户，计算出未来几天我们需要花多少钱时，她会问我："你想知道我们还剩多少钱吗？”我会说：“并不想！”这就是我们关于预算的全部谈话内容！

当我想到我过去是如何放弃处理家庭财务的压力，把一切都留给乔安妮的时候，我感到很羞愧。尽管她在这方面比我做得好，但如果她能感受到有我帮她分担，她会轻松很多。

至于什么对你们的预算是最好的，可能仍然是一方带头做实际的预算工作，而另一方在做预算的过程中一直是可商量的对象。只要双方都朝着相同的目标努力，就已经很好了。

如果你是那个想要掌控一切的人（毕竟你正在读这本书），而你的伴侣不想参与其中，那该怎么办？你要温柔一点。让你的伴侣产生负罪感不仅不会为你带来建设性的合作，还会引发怨恨。

相反，试着让他们每次都能从你所做的事情中获益一点点。记住，每个人都有与金钱打交道的经历，这种经历有可能会是不快的，会影响他们的态度。也许他们看到自己的父母一直在为钱争吵，他们宁愿完全避开这个话题，也不愿效仿他们的父母。

最后，记住，没有完美的解决方案，也不存在最佳的工作方式。你只需要找到适合自己的。即使你伴侣的参与程度仅仅是同意关注某些领域的支出，而并不希望每个月都要坐下来进行详细的计划，这也总比什么都不做要好。

4. 工具让工作变得简单

我们都在以不同的方式把自己的工作做到最好。我妻子喜欢列清单，并把它们像类比法一样写在小纸片上。而在制作和勾选列表时，我更喜欢在苹果手机上使用一款名为 Clear 的应用程序。

无论你喜欢哪种工作方式，都有一些很棒的工具可以帮助你以最适合自己的方式做预算。

在决定使用哪种工具之前，了解预算的原则是很重要的。如果你和我一样，那么你也很容易把大量的时间浪费在尝试软件和应用程序上，但从来没有真正完成过必要的工作。

一旦你理解了预算的过程，你就能够找到适合你的工具。好消息是，由于互联网和新的、更开放的银行标准，现在的工具比以往任何时候都多。

我一直最喜欢的软件工具之一是 YNAB，它的意思是“你需要预算”（You Need A Budget）。我已经使用它很多年了，虽然我没有遵循 YNAB 的专有预算方法，但我一直在用它来核对银行账户和检查支出情况。

我想是时候让我们实际一点了，所以让我们看看你应该做什么来开始预算。

你需要做的

如果你还没有准备好，我建议你从 meaningfulmoney.tv/budgetplanner 下载我的免费预算计划表。在我讲解这一部分内容时，你可以把它打印出来放在面前。数字版本会在你学习的过程中为你进行一些计算，你可能会发现这很有帮助。

但是，虽然我认为你会发现预算计划很有帮助，但它并不是必不可少的，而且接下来的实际步骤也不会假设你已经有了预算计划。

1. 列出你的起始位置

我们从你的**起始位置**开始。当你开始制订每个月的预算时，你要对自己的价值有一个概念，你的债务状况以及这个月你有多少钱需要做预算。

如果你每个月都能这样做，那么你应该能够回顾过去，看到你的状况在改善，这会激励你继续前进。

从写下你这个月的净收入开始。这指的是你在纳完税、交完社保以及完成其他所有通过工资单支付的款项（如学生贷款）后，进入银行账户的实际金额。如果你是个体经营者，这将是你从生意中获取的用以维持生活的基本收入。

在你第二个月和此后几个月的预算中，你应该注意到上一个月的超支。例如，假设你上个月超出预算 50 英镑，你应该从你的收入中扣除这笔钱，那么你这个月就少了 50 英镑。这是一种确保你收回超支，让自己回到正轨的方法。当然，如果这是你第一次制订预算，跳过这一步。

接下来，列出你的未偿还债务。我们将在下一章讨论如何摆脱债务，但现在，只要列出任何信用卡或购物卡余额、个人贷款或透支金额。抵押贷款就不必写了，因为那是长期债务，可能需要很多年才能还清。

其次，如果你有钱能为将来储蓄，那么把它写下来。将其分散在你拥有的不同账户中，包括溢价债券（Premium Bonds，英国政府发放的以奖代息债券）和个人储蓄账户，但目前不包括养老金。

当你完成这个过程后，你会看到一份这样的表格（见表 1.1）。

表 1.1　你的起始位置　（单位：英镑）

净收入	1 690
上个月超支	–50
净收入减去超支	1 640
未偿债务	
信用卡	–2 000
购物卡	–250
个人贷款	–3 000
储蓄账户	
国家储蓄账户	5 000
溢价债券	2 000

2. 设立两个银行账户

这部分内容真的值得独立成章，因为做出这个简单的改变对我来说意义重大。出于某种疯狂的原因，我从未想过自己有必要拥有一个以上的银行账户。

这听起来可能有点奇怪，因为我应该知道自己在说什么，但这是在我成为一名理财顾问之前的事情，已经过去很久了。

你应该开设两个银行账户，或者，你可能已经有一个了，你应该再开一个。

一个账户——你的账单账户——应该是每个月的来自借记卡的定期、可预测的账单。

另一个账户——你的消费账户——应该是你每天的消费。如果你从自动提款机取钱，用借记卡刷卡用餐，或者每周去超市购物，这些花费应该出自第二个账户。

在一张纸上，设置两栏，分别标明**账单账户**和**消费账户**。在我提供的预算计划表上，这个已经为你做好了。

将账单账户栏分为 3 个部分，分别是**债务偿还**、**储蓄**和**账单**。

在第 4 章中，我会反复强调一点，你应该首先支付自己，要么减少债务，要么把钱存起来。账单账户栏的设计目的是帮助你做到这一点。

下面是如何使用账单账户栏：

把你刚才写下的净收入，放在你账单账户的最上面。你如果**上个月超支**了，就把它从你的净收入中扣除。

接下来，决定你想存多少钱或用多少钱来偿还债务，并把它记下来。我将在下一章向你展示如何使用这笔钱快速还清你的债务，但现在，只需要确定一个总额。

然后，在本栏相应的分类和位置，列出你所有常规的直接借记金额，并计算出它们的总和。记住这些账单几乎每个月都是一样的，所以很有可能你可以把它们中的大部分从一个月转到下一个月。

我在这一栏中，列出了自己所有的水电费账单、住房抵押贷款的还款、市政税、保险、电视套餐和俱乐部之类的订阅。定期的慈善捐赠也应该归在这一栏。

所有这些加起来之后，你应该还会剩下一笔钱。不管剩下多少，这就是你现在需要进行仔细预算的。把这笔钱转到你的第二个账户，也就是你的消费账户上。

综上所述，步骤如下：

（1）获得收入。

（2）写下你所有的债务偿还、储蓄和日常账单，并把它们加起来。

（3）把那笔钱存在你的账单账户上。

（4）把剩下的转到你的消费账户上。

3. 规划你这个月的生活

现在你已经为你所有的日常账单留出了足够的钱，是时候为消费账户栏里剩下的钱制订预算了。这是你用来给汽车加油、采购食物、看电影的钱——是你这一个月内所有的花费。

记住，预算的意思是**提前**决定要花些什么钱，所以你要做的第一件事就是拿出你的日历。

在接下来的一个月里，你有什么特别的事情要计划吗？也许是朋友的生日聚会，去看牙医或为你的汽车做保养。往前看，猜猜这些将花费多少钱。

你打算出去吃几次饭，或者参加几次社交活动？每次旅行的费用是多少？把它们加起来，然后写下来。

你认为你要去买新衣服吗？决定你要花多少钱，并记下来。

你见过那种果酱罐和大小不一的石头的插图吗？找到一个果酱罐，一些大石头、一些中等大小的石头，以及一些砾石和沙子。如果你先把砾石和沙子放进去，你会发现很难再把中等大小的石头放进去，更不用说大的了。然而，如果你先把大石头放进罐子里，然后再把中等大小的石头放进罐子里，你就会发现所有的砾石和沙子也都能放进去，它们会填满大石头之间的空隙。这就是优先顺序的重要性。

我们在前面列出的那些不寻常支出项目就好比大石头，你需要先把它们列入预算。然后你可以在四周的“缝隙”中“填”上你要花费在食物和燃料上的钱。

如果你写下所有大的预算项目的金额后，最后只剩下 6.40 英镑用来买整个月的食物，我一点也不惊讶！好吧，这也许没有那么可怕，但你可能想知道你怎样才能做到这一切。

在这一点上，你需要去做一些并不是那么容易的选择和决定。也许你得告诉你的朋友这个月你不能出去聚会了，或者你不得不放弃你看上的那双时髦的小靴子。

也许在过去，你会安抚自己，无论如何都会买下它们。但现在不同了，现在你试着掌控你的钱，告诉它哪些钱你会花，哪些钱你不会花。

通常情况下，这就是心愿与残酷现实碰撞的时刻。很多时候，不是你想做的每件事都能去做，必须要学会放弃。

不要灰心丧气。相反，要记住你为什么这样做。你要掌控你的金钱，这样，在不远的将来，你才能轻松地买得起这些东西。正如个人理财大师戴夫·拉姆齐（Dave Ramsey）所说，是时候“不要像别人一样生活了，这样以后你才能不像其他人一样生活”。现在做出牺牲，以后的生活才会更容易。

最终，你应该达到一个月的收支平衡。记住要精打细算。我保证，随着你在预算方面做得越来越好，这一步会变得越来越容易。

做得好！也许是有史以来第一次，你有了一个消费计划。现在你必须执行它。

4. 跟踪你的支出

展望下一个月，你可能会觉得自己还有很多时间。在此期间，你将面临很多摆脱预算束缚的机会。防止这种情况发生最简单的方法就是记录自己一个月的开销。

有几种方法可以做到这一点。你可以随身携带一个笔记本，随时记下你花的每一分钱，或者你可以打开手机上的记事本应用程序，把它记下来。或者，你可以使用其他一些应用程序来追踪你在每个类别中的支出。

我选择的预算应用程序 YNAB，会在我的手机、平板电脑和电脑上同步。当我从自动提款机取出现金，或者用借记卡付款时，我会在 YNAB 上进行记录，然后它会更新到我所有的设备上。这样，我就可以在周末或月末轻松查看自己的消费情况。

你要详细到什么程度？答案是：尽可能详细，而不要简单粗略，这对你有帮助。

我用几个类别来追踪自己的消费支出，这些类别是我在月初对钱进行分配的那些领域。在这个月中，你会想对你的交易进行分类，这样你就可以看到自己在每个领域中的表现。

分类切忌太多，否则会把生活变得太复杂，你会发现自己很难记起到底是把超市里的消费标注在食品一列，还是杂货一列，还是把其中一部分标在洗漱品一列。我有一个类别叫作杂货，涵盖了家里消费的所有东西，从食物到火柴再到鞋油。保持简单——你才更可能坚持做下去。

当你在这方面做得更好时，你可以改进这些类别。这些年来，我确实这么做了。以下是我的消费类别：

- 杂货。
- 外出就餐。
- 化妆品。
- 医疗 / 牙科。
- 汽车燃料。
- 礼物。
- 家居保养 / 维修。
- 假期。
- 兽医账单。
- 服装 / 理发师。
- 俱乐部 / 社交。
- 其他。
- 取现。

让我挑几个来解释一下。

首先，我显然不是每个月都去度假，所以这个类别可能只会在一年中的几个月出现。

另外，值得庆幸的是，兽医账单并不是一个常规账单！但有时候它会出现，我需要把它计入我的支出。你会发现你的分类可能会随着月份的变化而变化。没关系，要有目的性，要向前看，并做出相应的变化。

最后，取现。这是个大问题，可以掩盖很多行为。我们都会从银行取出现金放在钱包里，我们也都知道这些钱总是很快就会从指缝里溜走。

如果你真的想深入了解自己的消费模式，我建议你花一段时间记录下你的每一分钱。这真的会让你大开眼界！如果你和我一样，你就会注意到自己轻率消费的模式，小金额的消费真的会积少成多。

但我们现在已经不再轻率，我们是有规划的。几年来，我每年都会花一个月的时间来追踪自己的现金支出，只是为了确保自己没有退回到过度盲目消费中去。至少在你想要掌握这些原则的阶段，这是一个非常值得坚持的行为。

5. 每周检视

我建议你每周都能坐下来检视一下自己的表现。

假设你为这个月的食品设置了 200 英镑预算。当你在第一周结束，进行每周检视时，你可能会发现你已经消费了 70 英镑。这个月过去了 1/4，所以你应该消费的是预算的 1/4，也就是说，你应该消费的是 50 英镑。

对此，你应该采取务实的态度。也许你在每个月的第一周会储存一些食物，所以在接下来的 3 周里你在食品上的消费金额会低一些。这也是可以的。

预算计划的最后一栏是进度部分。在这里，你可以记录下你在本月的某一项上是领先还是落后于你的目标。

每周检视的重点在于通过强迫你考虑整个月的预算，而不仅仅是开始和结束时的预算，来让你保持在正轨上。这样做的目的是，当事情没有完全按计划进行的时候，你可以通过关注事情的进展来做出相应的调整。

假设在这个月，你不得不花一些你没有预料到的钱。不是很多，但是你没有做预算。那么，每周检视就是一个节点，让你可以看到自己的整体预算，并决定需要做些什么来让自己的整体支出保持在正轨上。

也许现在你不得不放弃外出就餐，而是在家吃饭。但这总比不必要地动用储蓄、透支，甚至使用信用卡付账要好。我将在第 5 章更多地讨论如何处理挫折。

6. 重复上述步骤

这就是预算的全部内容。确保你每个月的常规账单都是由你账单账户中保留的钱来支付的，而你需要做的预算就是决定自己要在哪几个类别上消费多少钱。

随着你越来越有经验，这将花费更少的时间。过不了多久，你就只需要在月初花上半个小时做预算，然后每周用 10 分钟来进行检视。

如果你能找到一个适合自己的固定时间来做这些事，这将会帮助你将这些实践融入生活。可能是工作日开始前的一个周日晚上，或者是你有一小时空闲的任意时候。同样，如果你正处于一段关系中，且你们在朝着同样的目标努力，那么请试着一起来做。

希望你现在花的比赚的少。一旦你做到了这一步，你必须坚持下去。不要在短时间内一时兴起去做这件事，然后很快放弃。如果你坚持下去，你会在你自己意识到之前，就养成良好的习惯。这些习惯将在你的余生为你服务，我们将在接下来的章节中讲到这一点。

第 3 章　摆脱债务

从古至今，债务一直是人类生活的一部分。从最贫穷的人到最富有的人，负债几乎是所有人生活中都不可避免的。如果借款使用得当，它可以帮助你加速财富的累积。但它也极有可能是一个陷阱，许多人会发现自己在债务中越陷越深，无法挣脱。

我们对债务（总体来说也是对金钱）的看法，很大程度上是由成长过程中身边人的经验教训所决定的。

我的父母出生于 20 世纪 40 年代初，那还是战后实行定量配给的年代。像我们现在这样的借钱方式对当时的很多人来说是根本不可能的，因此，除了抵押贷款，我的父母从来没有背负过很多债务。

仅仅一代人之后，当我在 1994 年去上大学的时候，我就去银行开设了一个学生银行账户。当时，我拿到了两张信用卡，每张都有 250 英镑的信用额度。我从来没有提出过这样的申请；

它们是被作为银行账户的“红利”一起给我的。但是，从来没有人教过我如何使用它们。

2008年全球金融危机爆发的最主要原因，就是过多的信贷被发放给了错误的人。终于，人们开始意识到这件事情的不可持续性，整个系统几近崩溃。唯有政府和央行出手干预，才阻止了我们倒退回金融黑暗时代。

对大多数人来说，当我们想要开始着手掌控金钱的时候，几乎都是从一个比较消极的情况下开始的——已经有了一些债务，需要去做一些事情来解决它。因此，我们需要了解债务是如何运作的、好的债务和坏的债务的区别，以及如何控制债务。

我们现在就来看看这个。

你需要知道的

1. 好的债务和坏的债务

首先，定义好的债务和坏的债务之间的区别是非常重要的。对此，我的定义很简单：

好的债务通常**利率较低**，用来购买**增值**的东西。
坏的债务**利率较高**，用来购买**贬值**的东西。

根据这样的定义，抵押贷款是一种不错的债务。一般来说，抵押贷款的利率是与银行基准利率（即被英国央行设定为基准的国家利率）挂钩的。通常，抵押贷款利率在银行基准利率的几个百分点以内浮动。

抵押贷款是用来购置房产的，无论是自住还是投资，房产往往都会随着时间的推移而增值。不过，情况也并非总是如此，房产价值也可能非常本土化，当然，我们在这里只进行一个简单的概括。你可以问一下父母，他们买第一套房子花了多少钱，然后你会发现，一般从长期来看，房价是上涨的。

因此，抵押贷款符合我们衡量良好债务的两个标准——低利率以及不断上涨的资产价格。

另一种好的债务是学生贷款。在英国，学生金融系统不同于其他任何类型的贷款，我们待会儿会对此进行探讨，但用我们上述的两个标准衡量，它属于好的债务。它的利率很低，但它为你带来的教育，可能让你在以后具备很高的收入能力。

当然，教育的价值是具有主观性的，很多没有学位的人比有学位的人挣得更多，但你大概可以明白我想表达的意思。

坏的债务与好的债务完全相反。以商店购物卡为例。你肯定知道这样的事，“如果用我们的购物卡分期付款，你今天的订单可以打九折。”购物卡的利率可能达到 29.9%，这是当前英格兰银行基准利率的 60 倍，有时甚至更高。商店购物卡经常被用来买衣服或电视之类的物品，而这些物品会磨损。高利率、贬值，符合我们对坏的债务的两个标准。

比购物卡更糟糕的，是发薪日贷款（Payday Loans）。下次你在电视上看到短期贷款的广告时，检查一下屏幕底部的小字。你会看到利率是 1 200%，有时甚至是 1 200% 的好几倍。这些贷款旨在帮助人们撑到下一个发薪日；它们不是用来买那些升值的东西，而是用来帮助那些不幸的人在未来几周购买食物。人们会陷入如此可怕的财务困境，以至于不得不求助于这种借贷，这简直是对社会的一种谴责。

坏的债务可能导致恶性循环：从一家银行借款去偿还另外一家的债务，每个月借款的时间都要比之前再早一点或者金额再多一点，因为坏的债务还有费用需要支付，钱会消耗得越来越快。

2. 严重的债务问题以及如何处理

也许你在上述的几段描述中看到了自己的影子。如果是这样，我强烈建议你寻求专业帮助。太多的人在债务问题上选择逃避现实，因为他们找不到出路。更糟的是，不受控制的债务是导致人们考虑自杀的一大因素。①

如果你觉得自己的债务失控了，你现在就要采取行动。我建议你与这几个组织联系一下。

首先，公民咨询局（Citizen's Advice Bureau）是一个很好

① 来自英国撒玛利亚人协会 2013 年的统计数据，www.samaritans.org/news/one-six-calls-men-are-about-money-worries。

的选择。其工作人员可以帮助你量化你的问题，并提出解决方案。他们还能帮你与那些可以跟你的债权人谈判的机构取得联系，帮助你与他们达成协议。

另外，还有一个我非常尊敬的组织——基督徒反贫困组织（capuk.org）。不要被听起来像宗教的名字吓倒；基督徒反贫困组织是一个领先的债务咨询慈善机构，帮助成千上万的家庭摆脱了严重债务危机。

千万不要觉得自己是在孤军奋战，也不要认为你的问题是无法解决的。有很多人像你一样，甚至情况比你更糟，但他们都已经摆脱了对债务的恐惧。这不是一个无法克服的问题；如果你准备努力工作，做出重大改变，就一定会有出路。任何事情都比感觉被困住要好——寻求帮助，而且要快。

3. 关于学生贷款

当我写到这儿的时候，我的大女儿艾莉刚刚年满 18 岁，几个月后就要上大学了。我想，是时候去了解一下学生金融系统是如何运作的了。然而令我惊讶的是，很多我以为自己知道的事情其实都是完全不真实的。

紧接着，我制作了一期播客，内容关于学生贷款系统的基础知识，[①] 这一集反响很好，我收到了不少回信。

---

① 你可以在 meaningfulmoney.tv/ls5 上找到那一期节目。

简单来说，就是学生可以借钱来支付学费和生活费。但申请生活费贷款是需要经过经济状况评估的，这意味着学生可以借多少取决于其家庭收入。在 2018/2019 学年，申请最高贷款额度的学生在 3 年的学位课程中，最终将背负约 5.3 万英镑的学生贷款。

从表面来看，你会觉得这是一个可怕的数字。但假如你能明白学生贷款与现有的任何一种贷款都截然不同，你可能就不会这样想了。

首先，你每月的还款与你借了多少钱无关，而是与你赚了多少钱有关。如果你的收入超过一个门槛，目前[1]是 25 000 英镑，那么你要偿还超过这个金额的所有收入的 9%。

其次，如果你的收入低于这个门槛，你可以停止还款，直到你的收入再次超过这个门槛。这意味着，如果你失业了，或者因为生宝宝而事业中断了一段时间，或者发生了一场需要停工休养的事故，你将不必偿还贷款——贷款还款将自动停止。

再次，利率与通货膨胀和你的收入挂钩。这意味着，对许多人来说，所欠的实际金额永远不会增加，只会对高收入者增加。

最后，你欠的所有钱都会在 30 年后一笔勾销，一去不复返。什么都不会有了，完全消失。

所以，学生贷款系统更像是毕业税而不是贷款。你的还贷

① 2018 年 4 月。

时间是被限定的，而且是以你的收入为基础的。许多人永远无法还清他们所有的学生贷款，因为他们挣的钱不够还清贷款，而那些还清贷款的人总是会赚到更多。

是的，背负学生贷款也是会有影响的。当你申请贷款时，由于需要还贷，你的净收入会降低，你的借贷能力也会降低。当然，你的想法是，你的收入能力会因为从大学获得了学历和生活经验而提高。但如果事情没有按照你想的发展，那么你的贷款还款将很少，或者根本不存在。虽然这只是一个概况，但很多时候确实如此。

以上这些因素都是我将学生贷款归类为好的债务的原因。我非常希望大学教育能像 20 世纪 90 年代那样免费，但事实并非如此。由于学生贷款的存在，我自己的孩子至少有机会去上大学，学习她们喜欢的任何东西，而不会陷入经济困境。我将鼓励她们尽可能多地贷款。

4. 债务并非不可避免

关于债务，你需要知道的最后一件事是，它并不一定非要出现在你的生活中。我们的父母和祖父母没有像现在一样便捷的信贷也照样过得很好，你也可以。

现如今，我们总是会被那些投射着理想生活方式的影像影响。你必须有一辆好车，你真的需要最新的苹果手机，你真的应该买一栋房子。

事实上，你并不需要任何这些东西。你可能想要，但你并不需要。没有它们，你照样也能过着完美快乐的生活。

就像个人理财的其他方面一样，债务应该是主动处理的，而不是被动处理的。不要仅仅因为你的邻居有一台更大的新电视，或者仅仅因为你认为成功的定义是拥有那些夺人眼目的东西，就借钱去买一台更大的新电视。这些都是会让你身陷债务的愚蠢原因。

事实上，无论出于什么原因，都不要为了买电视而负债，相反，要把钱存起来（下一章会有详细介绍）。

仔细考虑和规划每一个财务决策，权衡每一个行动的利弊。如果你能做到有耐心为大件物品的购买而存钱，那么在这个过程中，你会变得比借给你钱的人更富有。

你需要做的

1. 建立一笔应急基金

如果你想成功摆脱债务，那你每个月都需要严格地实践在上一章学到的预算技巧。为了尽快摆脱债务，你要投入尽可能多的钱来跟它对抗。

债务最大的问题在于，它总是会“打”你一个措手不及。为了防止这种情况发生，你应该建立一笔应急基金。这笔钱要安全地存在你的银行账户里，能够随时取出，但只留作紧急之用。

如果你已经在努力防止债务状况变得更糟，那么你该如何做呢？这个时候，你必须要有点儿创意了。

首先，你可以考虑做第二份工作，或者做一些零工来攒一些钱。不要禁不住诱惑去消费；把它们存起来。

看看你身边的东西，你真的需要这一切吗？有什么东西可以转手卖掉吗？把它们都收集起来，在易贝或者旧货市场上出售。

接下来，缩减你的预算，尽可能地节省每一分钱。如果你仍然每周点两次昂贵的外卖，必须看最新上映的电影，那么抱怨欠债就毫无意义。省吃俭用一个月，看看你能省下多少钱。当然，这当然不好玩，但法警的到访也不好玩吧？把你能找到的每一分钱都存到应急基金里，放在那里。

存够多少钱才能停呢？这是一笔应急基金，等你还清债务后，我们再停也不迟。就目前而言，应急基金是一笔比我们想凑的钱要少的资金。

如果你每月的总支出超过 1 500 英镑，那么我希望你能凑齐 1 000 英镑的应急基金。如果你的花费比这要少，那么 500 英镑可能就够了。但不管多少，总比什么都没有要好，所以不要太在意数字。

你必须抵制住动用这笔钱的诱惑。它不是圣诞基金，也不是假日基金。它是为真正的紧急情况准备的，比如一大笔出乎意料的汽车修理费，或者房屋漏水不得不紧急花钱请一个水管工。

为什么不拿为应急基金积攒的钱来还债呢？如果你的债务

很少，那么可以很快还清，这么做是可以理解的。但是，大多数人是无法仅仅靠几个月的辛勤工作就将债务还清的。

我们之所以要设立应急基金，就是为了在你和那些能让大多数人产生负债的理由之间建立缓冲。

其实，给我们造成财务困难的往往都是生活中那些意料之外的事情。如果其中一件事情恰好发生在你试图偿还债务的时候，那么你很可能会在债务中陷得更深，除非你有应急基金来保护你。

如果你不得不动用应急基金，那请试着把它当作你自己的一笔债务，并定期偿还，恢复它的额度。如果发生这种情况，也不要灰心丧气——这就是应急基金的作用，动用自己的钱总比增加债务要好得多。

迈向财务自由的 3 个步骤中的第二步是关于预防灾难的，而拥有应急基金正是这一步的第一部分内容。将一笔钱存起来，作为抵御生活中意外波折的安全网，这是在保护你自己免受意外事件的影响。

另外，奇怪的是，你会发现，麻烦很少会降临到那些早有准备的人身上。

2. 债务雪球

在我做理财规划师的这些年里，我见过各种各样摆脱债务的方法。但迄今为止，我所见过的最有效的方法就是债务雪球。

这个方法完全归功于戴夫·拉姆齐，他是美国最著名的个人理财评论员之一。

他的每日广播节目在美国各地联合播出，并在全球范围内以播客的形式播出。同时，我还要极力推荐他的杰作《金钱的全面改造》(*The Total Money Makeover*)，我也是从这本书中第一次听到债务雪球这个说法的。

它的工作原理是这样的：

首先，拿一张纸，列出你还未还清的债务，不包括你的抵押贷款。重要的是，要按照债务规模递增的顺序进行罗列。未偿余额最小的在顶部，然后是第二小的，以此类推。在每一笔未付余额的旁边，列出你每月必须为这笔债务支付的最低金额。

现在，一旦你在预算中决定了你每个月要偿还多少债务，你就应该这样分配：

- 支付所有待偿债务项目的最低还款额，最小的那笔债务除外。
- 尽可能多地偿还那笔最小的债务。

表 3.1 提供了一个示例。

假设你已经确定这个月能够偿还 300 英镑的债务（见表 3.1）。你会注意到信用卡 A、信用卡 B 以及个人贷款的最低付款总额为 225 英镑。这样你就会有 75 英镑的结余用来还你的购物卡。3 个月后，购物卡的债务就会消失！

表 3.1　本月所有待偿债务（单位：英镑）

债务类别	余额	每月最低还款额
购物卡	200	15
信用卡 A	1 000	50
信用卡 B	1 500	75
个人贷款	2 000	100

注意，表 3.1 中没有列举出每笔债务的利率。当然，从经济角度来说，先还利息最高的贷款是有道理的。但如果你正在阅读这部分内容，我想说的是，人类向来喜欢快速取胜。先还清最小的债务，你就可以轻松、快速地取得一个初步胜利，这将会刺激你，让你更加兴奋地去努力摆脱债务，帮助你继续前进。

一旦最小的债务还清了，你就可以继续偿还最大的债务项的最低还款额度，然后用每月预算中剩余的钱来支付你第二小的债务。

使用上面的数字，假设你每月还有 300 英镑可以用于减少债务，你将还 75 英镑到信用卡 B，还 100 英镑到个人贷款。这就意味着，你可以偿还 125 英镑到信用卡 A。

一旦信用卡 A 还清了，你再把注意力集中到信用卡 B 上，以此类推。你每次偿还的最小债务的金额就会像雪球一样越滚越大，因为当较小的债务被还清时，你能用的钱也就更多。

这个过程会令人上瘾和兴奋。当你看到你的债务余额每个月都在下降，你就会试图从预算中寻找更多的钱来偿还债务。你甚至可能会想到卖掉一个孩子或者一个肾脏来更快地还清贷款（开个玩笑）。如果你怀疑这一过程的有效性，请收听戴夫·拉姆齐的广播节目，听听那些打电话来的人是怎么说的——这是鼓舞人心的事情。

你可以做到。当然，这需要努力，也需要时间。但如果你先设立一笔应急基金，然后像滚雪球一样有效地偿还债务，那么你最终一定会摆脱债务。

3. 完善你的应急基金

一旦你还清债务，我会建议你给你的应急基金增加一些钱。现在你每个月的预算中都应该有一笔可观的钱，这笔钱原本是用来偿还债务的，现在可以用在其他地方了。

建立应急基金，比如，3 个月的开销储备，就足以让人感到自由与安心。这样你就会知道，即便是失业了，你也有这样一个缓冲器可以帮你渡过找工作的难关。或者，当你家的锅炉爆炸了需要更换，你有足够的钱可以支付。

我不认为应急基金有一个固定的所谓“正确”的金额，这取决于你所处的环境和你自身的安全感。我有一个客户，她的活期账户上存着 25 万英镑。从理财角度来说，这毫无意义，因为她不会因此获得任何收益。但它能让这位非常紧张的客户感到安心。她年事已高，深知这 25 万英镑可能比她余生所需多得多，这意味着她有能力把剩余的财产投资给她的子孙后代。

找到一个适合你自己的安全地带。无论是 1 000 英镑、5 000 英镑，还是 20 000 英镑，这取决于你对风险的感受、你工作的稳定性、你的收入和支出水平。

一旦债务偿清，你就要尽快地通过重新分配你的“债务雪球”资金，建立自己的应急基金。这笔钱应该被放在一个很容易就能拿到手的地方，这样你就可以随时把它转到你的活期账户上。易存取的现金个人储蓄账户（Cash ISA）是一个不错的选择，尽管它只能以一个人的名义开设；或者，你可以选择一个在线即时存取账户。请谨记，你这样做的重点并不是将这部分钱进行投资从而赚取更多利息，它们只能应急。

一旦摆脱了债务，并且拥有了一个舒适的缓冲带，你就真正掌控了自己的财务命运。也许这是你第一次不欠任何人情。你可能还有抵押贷款，但那也没关系——那是一笔好的债务。

在我们进入下一步讨论之前，我需要更详细地介绍一下支持“量入为出”原则的实践基础——先支付自己。

第 4 章　先支付自己

《圣经》中有这样一段话，耶稣说："你的财产在哪里，你的心就在哪里。"换句话说，对你来说什么最重要，什么就应该是你最应优先考虑的。

你应该把自己放在第一位。我知道你还有其他对你很重要的事情，但是你自己的财务平稳与安全应该是最重要的。

美国幽默大师威尔·罗杰斯（Will Rogers）曾说："总是有很多人会花还没赚到手的钱去购买自己并不喜欢的东西，而这样做仅仅是为了给那些他们并不喜欢的人留下深刻的印象。"我想在这里补充一点，尽管这种"零售疗法"的效果非常短暂，但我们还是经常会为了让自己心里感觉更爽快而购买不需要的东西。

我们经常会把自己未来的财务状况排在优先考虑事项清单的最后。我们背负债务，只想着要活在当下，购买一些愚蠢的东西。这真的毫无意义。如果我们真的把自己放在首位，我们就应该确保把自己的需求放在首位。换句话说，我们应该先支付自己。

这意味着我们应该把改善自己的财务状况放在第一位。如果我们有额外的 20 英镑需要偿还，这意味着我们要在家里吃饭而不是去外面用餐。还清债务意味着我们很快就能让别人变得富有，并且每个月都能有更多的钱来为自己的未来储蓄。

在实践中，这一切意味着什么？让我们来一起找出答案。

你需要知道的

1. 先支付自己意味着提升自己的财务状况

当我们偿还债务，包括利息时，我们是在让别人而非我们自己变得更富有。每一分钱都会为他们效力，而不是为我们，这没什么好的。

然而，债务必须偿还，这就是为什么我仍然把偿还债务列在“先支付自己”要做的事之列。即使从技术上来看，它是在支付给别人，但其实它是在改善你自己的财务状况。

一旦债务偿清，所有的钱你都可以拿去储蓄或投资，这不是更好吗？现在一切都在你的手中，为你未来的成功而努力吧。

在第 2 章中，制订详细的预算时，你应该把偿还债务放在首位，其次是储蓄。首先支付自己再一次遵循了“先把大石头放进罐子”的原则，其他的都位居其后。

2.“把剩下的存起来”向来不管用

正如第 1 章所提到的，你的储蓄不能只依赖于月底剩下的钱，因为关于消费的不变法则意味着你月底可能剩不下任何钱。总有些计划外需要花钱的事情会发生，而且那些用于买咖啡之类的钱也会积少成多。不知不觉，在离发薪日还有 3 天的时候，你的钱又花光了。

因此，用预算先支付自己相当于是一种意向声明。通过预算，来确定自己将用于储蓄或在付其他账单前会优先偿还债务的那部分钱，这其实就是在宣布你自己才是整个预算中最重要的部分，你把自己放在了首位。这是在主动、有规划地追求未来的财务独立。

3. 储蓄率是衡量财务自由的好方法

你的储蓄率可以用来帮你明确要拿出多少收入来先支付自己，要么通过减少债务，要么通过为未来储蓄。你会看到它有很多种不同的方式，但是我还是喜欢简单一些。

把你的总债务偿还额（不包括你的抵押贷款）或你的储蓄总额相加，然后用这个总额除以你每月的实际收入。

例如，如果你每月的净收入是 2 000 英镑，每月要拿出 300 英镑用于储蓄或偿还非抵押贷款的债务，那么储蓄率就是 15%。

是否存在所谓的最优储蓄率？我认为没有，每个人都是不同的，有不同的目标和时间尺度。显而易见的答案是，你的储蓄率应该尽可能高，但生活既要享受未来，也应享受当下，因此找到平衡点是非常重要的。

有这样一个经验法则，你的储蓄目标应该是你的年龄减去 15。假设你现在 25 岁，你的目标储蓄率可能是 10%。注意我的用词，我说的是目标——如果你在一开始没有达到这个水平，千万不要自责。

请记住，这只是经验法则而已，不是硬性规定。有总比没有好，3% 的储蓄率总比 0 好。只要你把提高储蓄率作为目标，未来的你一定会感谢现在的自己。

4. 定义短期、中期和长期储蓄

现在，是一个好机会来明确一下短期、中期和长期储蓄了。

我把短期储蓄定义为把明年需要的钱存起来。例如，我和乔安妮每个月都会为圣诞节存点钱。这就是短期的定义，因为我知道在 12 个月之内要花这笔钱。为明年的假期存钱也属于短期范畴。

中期储蓄的定义是 2~5 年以后要用的钱。为了购买一辆新车而储蓄 3 年，被视为中期储蓄，为了在后年购买一枚纪念结婚周年的戒指而存钱，也属于中期储蓄。

最后，长期储蓄是指你为未来 5 年或更长时间的事情而存的钱。对我们大多数人来说，为退休存钱就属于一个长期的过程，就像为孩子上大学存钱一样。

你需要做的

1. 在发薪第二日完成所有的债务偿还和储蓄

首先支付自己意味着在你从工作中获得薪酬后立即支付自己。对于有经验的预算人员来说，在一个月中的什么时间支付账单并不重要，但如果你刚刚开始做预算，想要轻松取胜，就有很多需要学习的了。

我在第 2 章中描述的双账户预算系统可以帮助你做到这一点。通过这种方式，你可以确保自己在账单账户中留下足够的钱用于支付所有费用。

例如，如果你每个月 20 日发工资，把你的储蓄和债务还款日安排在 21 日或 22 日，这样就有机会把钱还清，同时还可以避开周末和银行假期。

如果你是在一个月的最后一个工作日才拿到工资，那就把你的还款日设定在第二个月的第一个工作日。

你可能无法选择偿还债务的日期，但这值得一试。你可以尝试打电话或发邮件给你的信用卡或贷款公司，看看它们在这方面是否灵活。

2. 充分把握每一次加薪机会

当你从工作中获得额外收入时，比如升职、加薪或奖金，确保你做的第一件事就是先支付自己。这意味着从额外收入中拿出一部分钱存起来。

你可能需要更改现有的订单或直接借记金额来使它们略微增加。记住，如果你现在的存款是你收入的 5%，那么一旦你的工资增加，你的存款占收入的比例就会降低，除非你同时也增加你的存款。

每次收入增加时，都务必重新评估你的储蓄和债务偿还策略。在收到加薪的部分后，可将其列为你下个月预算的一部分。

在某种程度上，你甚至可以将这个过程自动化。一些养老金和投资计划是允许每年自动增加供款的。你可以打电话给供应商进行了解。它会让你少做一些决定，有时候这是一件好事儿。

3. 利用小额增量的力量

随着时间的推移，储蓄的小额增量增长会产生显著的影响。

假设你每月可以节省 100 英镑，或者每年节省 1 200 英镑，然后将这些钱用于投资，每年获取 5% 的增长。

如果你从来不增加结余，25 年后你总共将投资 3 万英镑，按照增长率，这部分钱将增长到 60 136 英镑。

现在，我们假设你每年都会再增加 10 英镑的月存款。那么到了第二年，你每月能存 110 英镑；第三年，你将每月存 120 英镑，以此类推。在这种情况下，25 年后你总共能投资 66 000 英镑，而这部分钱按照 5% 的投资增长率将变成 117 408 英镑。

你认为在这段时间里，你会注意到每年多出的那 10 英镑月存款吗？绝对不会。然而，这能给结果带来多大的不同啊！让我们再进一步来考虑这个问题。

现在，你不是仅仅每年增加 10 英镑的月存款，而是把事情安排好，这样你就能每年都比上一年多存 10% 的钱。

你的储蓄率呈指数增长，这意味着在 25 年内，你可以累计投资 118 016 英镑，而这将增长至 187 698 英镑。

4. 试试 13× 乘法器

回到 20 世纪 90 年代末，我在合作社保险协会（Co-op Insurance Society）工作，由于一些早已被遗忘的历史原因，我每 4 周能领到一次工资。这意味着我每年能拿到 13 次薪水。

当然，我每个月的账单显示仍然是按照日历来的，每年支付 12 次，所以结果就是，我每年会有一个额外的发薪日。如果我在 20 岁出头的时候有现在这样的头脑，一定会把钱花在刀刃上。

如果我每年分 13 次偿还抵押贷款而不是 12 次呢？那将有

什么不同？

我们大多数人都没有在一个月内支付两次抵押贷款的能力，但也仍然可以享受到每年额外支付一次抵押贷款带来的好处。你可以通过将一个月的月供除以 12，然后在每个月的还款额上加上这个金额，来产生类似的效果。

举个例子，假如你有一笔 15 万英镑的抵押贷款要偿还，期限为 25 年，利率为 3%，那么你每月的还款将是 711 英镑。如果我们把 711 英镑除以 12，得到 59.25 英镑，进位取整是 60 英镑。

如果每月增加 60 英镑的月还款额，你每月将偿还 771 英镑。如果你按照 25 年期限利率还款，你将提前两年零九个月还清抵押贷款，并在此过程中节省下 7 690 英镑的利息。

每个月都能超额支付抵押贷款，且你可能根本注意不到花了额外的钱，这是一种非常酷的方式。当然，你也可以将这种方式应用到任何债务的偿还问题上，不仅仅是抵押贷款。

随着时间的推移，额外偿付长期债务会产生巨大的影响。想知道你可以通过额外偿付小额贷款来节省多少钱，你可以使用 Money Saving Expert 网站上一个很棒的抵押贷款溢缴计算器计算一下。[①]

---

① 可以在这里找到它：www.moneysavingexpert.com/mortgages/mortgage-over- payment-calculator。

第 5 章　应对挫折与挑战

不管我什么时候去看牙医，我都会做一件奇怪的事情。我总是会让我的苏格兰牙医克雷格（Craig）在开始操作前告诉我他们这一步是要做什么，在整个过程中的每一步都是如此。

我为什么要这么做？因为这样我就能为接下来发生的事情做好准备。我想知道过程中的哪些部分可能会疼痛，哪些部分我可以放松。如果我事先做好了准备，我就能对即将到来的事情应对自如。

正如我列出的“花的比赚的少”的做法，这听起来很简单，对吧？尽管很简单，但并不容易。

生活总有办法让事情变得比你想象的更难。如何应对这些挑战将决定你成功与否。

你会怎么做？当第一份意想不到的账单出现时，你会在刚出现一点困难的迹象时就放弃吗？或者你会深呼吸，拿出预算，然后想办法解决？正如生活中其他任何事情一样，做好准备就是成功的一半。

在这一章中，你将学习为什么坏事会发生，以及如何处理它们。

你需要知道的

1. 倒霉事总会发生

这就是生活。你最好现在就做好准备。倒霉的事情总会或多或少地找上门来。

如果你知道这一点，当它来的时候，你就可以很好地处理它。对吗？好。继续……

2. 人人都有诱因

经常听我播客的人都知道，自成年以来，我一直在与体重做斗争。实际上，我所抗争的并不是体重，而是我吃垃圾食品、锻炼太少的倾向——我在与自己做斗争。

需要注意的是，我们总是很容易把自己对某件事的责任推卸给其他事或其他人。“这不是我的问题，我的基因就是如此”或者“我父母从没对我有过金钱教育”等。

如果你读这本书的原因是你到目前为止还不擅长理财，那么仔细研究一下为什么会这样是很重要的。

看看你最近购买的几件生活用品之外的东西。你有没有买过从未用过的小玩意或从未穿过的衣服？你认为为什么会这样？是什么促使你购买这些东西的？

有意识的购物是非常有必要且有价值的，尽管做到这一点可能需要一段时间。当你感到疲倦或沮丧时，你会买更多的东西吗？购物疗法是一个困扰你的问题吗？

一旦你确定了自己进行糟糕消费的诱因，你就可以采取措施尽可能避免这些诱因，稍后详细介绍。

3. 预算困难会以不同形式和大小出现

还记得我们在第 3 章提到建立应急基金吗？你要处理的大部分事情都不会严重到让你完全偏离轨道。在很大程度上，我们讨论的并不是你因为身患癌症而两年无法工作，或者你的伴侣早逝。这是第二步的全部内容——预防灾难。

我可以很愉快地说，我们大多数人从来没有遇到过灾难。对大多数人来说，最糟糕的不过是我们不得不支付一笔意料之外的税单，或者在我们以为只是例行检查时发现不得不更换汽车的 4 个轮胎和刹车片。

应急基金可以帮助你来应对以上这些类似的事情。在过去，它们可能意味着你会进一步陷入债务，但有了应急基金的支持，它们现在可以轻松得到偿付。

我们不要对真正的大事感到恐慌，试着正确看待事情，同时还要坚持采取措施保护自己。

你需要做的

1. 别慌！

有人听说过电影《老爸上战场》（*Dad's Army*）里的琼斯下士吗？

当意外事件发生时，你要保持冷静。陷入慌乱，四处奔波，不知道下一步该做什么，对你毫无帮助。

在一时冲动下匆忙做出决定从来都不是一件好事。很少有事情需要你在几分钟内就做出决定。即便是最坏的情况，你通常也能有几个小时的时间来整理思绪。更多情况下，你会有时间仔细考虑自己的反应，在采取行动之前深思熟虑一下。

一定要拿出时间且明智地利用时间来从容面对，认真思考已经发生的事情会造成的影响。

意料之外的账单来了，需要支付。你是从这个月的预算中支付，还是启用应急基金？如果你拥有不止一个“储蓄罐”，那么从哪个中取钱最好？如果你认为你可以从收入中拿出钱来支付账单，那么你的预算中有哪些地方需要改进来为意想不到的项目腾出空间呢？你需要打电话给你的朋友取消这个周末的晚餐来腾出钱吗？

呼吸，保持冷静，执行。你可以做到。

2. 将眼光放长远

虽然意外事件在发生的当下看起来是一件大事，但在你的长期财务规划中，它只是漫长时间中的一段小插曲。

现在可能是重新审视我们在“金钱的心态”部分讨论过的长期目标和价值观的好时机。这些都是你想要保持财务状况的原因，也是你为了达成掌控金钱的目标而想要做到的事情。

拿出笔记本，把你的目标写下来，用 5 分钟的时间再次审视一遍，你会再次因它们而感到兴奋。这种做法可以帮助你避免在崎岖不平的道路上陷入困境。相反，它会帮助你重新集中注意力，把最好的一面展现出来。

3. 避免触发状况

虽然这并不总是那么容易，但一旦你明确了会导致糟糕财务决策的触发状况，你就可以选择尽可能地避免这些情况。

如果你可能会在晚上 11 点喝了两杯酒之后想从亚马逊上买一些你根本不需要的东西，那么你可以考虑到了晚上 9 点钟就关上电脑，读读书。

如果你总是习惯在发薪日之后的那个周末去购物，并且发现自己很容易花太多钱，那么就选择在月末的最后一周再去购物，并在借记卡上贴一个写着服装预算的便签。

尽一切可能去打破那些无益的习惯和行为。未来的你会为此而感谢自己。

4. 从错误中学习

不要期待第一天开始就是完美的。旧习难改，你很可能会犯一些错误。犯错的时候，不要无休止地自责。相反，要分析事情发生的原因，并试着从这些原因中吸取教训，这样下次你就可以避免这种情况了。

财务管理是一个长期的游戏，但如果说你得对此投入100% 的精力与 100% 的时间，就确实有点过分了。你不是一台机器，你是一个人，因此你可能会时不时地出现一些差错。

没关系，只要你坚持运用自己的智慧，从错误中吸取教训，就会在前进的过程中不断提高。

5. 偿还你的应急基金

如果你已经动用了应急基金，那么你要用当初建立应急基金时所用的预算技巧来补充资金。

要把从应急基金中取出的钱当作自己的贷款。你甚至可以给自己的钱支付一些利息，或者为基金设定一个充值的时间表。

你可能需要把几个月里的其他积蓄都省下来，但是把应急基金再次补充完整是非常值得的。你可以随时从停止的地方重新开始继续你的常规储蓄。

* * *

我们已经在本部分介绍了一些很好的内容，接下来还会有更多精彩内容。看到现在，你应该已经整理好了以下的事情：

- 设置两个银行账户。
- 设立并遵循稳定的月度预算，向前看而不是向后看。
- 已经准备好的或者正在设立过程中的一笔应急基金。
- 一个明确的债务偿还计划。

花的比赚的少是财务自由的核心技能。如果你现在在如何消费 10 英镑或 100 英镑的问题上能够做出明智的决定，那么这项能力会在你将来花几千甚至几十万英镑的时候帮助到你。

如果你能通过双银行账户系统遵循预算规划和“债务雪球”法来摆脱债务，并通过首先支付自己坚持住这些原则，且会随着时间的推移提高自己的储蓄率，那么你在财务上的自由是指日可待的。

但是，即便你把每件事都做对了，生活有时候也会扔给你一个难题，它有可能毁掉你所有的努力。

让我们来看看如何在第二步——预防灾难——中防止这种情况让你偏离轨道，扰乱你所有的努力。

第二步
预防灾难

财务自由的3个步骤中第二步就是保护你的财富在未来免于灾难。我们在这里谈论的是真正会令人崩溃的事件，比如早逝、罹患改变人生的疾病，或者长时间无法工作。

这些事件中的每一件都会给你和你的家庭带来严重的经济影响，你对未来的目标也可能因此而改变。

但我们是可以针对这些事件引发的最坏影响采取一些保护措施的。没有保险能保证你或你爱的人一定不会罹患癌症，但我们可以通过未雨绸缪的思考和行动将最坏情况所带来的经济影响最小化。

第二步中的一系列章节旨在帮助你理解你所面临的主要风险，以及这些风险在真实发生的时候会给你带来的财务影响。

然后，我将向你介绍能够帮助你减轻这些风险影响的主要保险种类，并帮助你计算出你在特定情况下需要多少保险。

最后，我们将讨论一下即使你不再能够自己做财务决定，依然可以确保你的愿望实现的最好方法。

我知道你在想什么。这些话题听起来确实并不令人愉悦。确实如此，但是掌控财务就部分地需要我们面对潜在的可怕事情，比如早逝或严重的疾病。你要确保自己提前考虑并规划好这些事情。

请不要试图跳过这一部分。也许你以前从来没有想过这些事情——这是很正常的，尤其是对年轻人来说。但这是迈向财务自由的3个步骤之一，而不仅仅是一个侧边栏。它和其他两个步骤一样重要。任何缺少这一步的财务规划就像一张只有两条腿的凳子——在压力下根本站不住脚。

振作起来，我们开始吧。

第 6 章　打下坚实的基础

《圣经》里有一个故事，讲的是两个人为自己修建房子。有一个人在坚固的磐石上建造房屋：

“经历了雨淋、水涨、风吹，房子始终坚挺如初，因为它的根基立在磐石上。”[①]

另一个人则把他的房子建在了沙子上，可想而知，当暴风雨来临时，这座房子的结局。

其实，这跟我们的财务规划是一样的。我们可以有远大的目标，并制订出计划，随着时间的推移来一一实现。但如果灾难来袭，我们的基础是沙子，那我们的整个财务生活都可能被

① 《圣经 · 马太福音》第 7 章 25 节。

摧毁。为了避免这种情况，我们需要用保险打下坚实的基础。

保险最大的问题在于，它给人的感觉就像白花钱一样。如果你未曾向保险公司索赔，那么你通常什么也得不到，感觉你的钱就这样凭空消失了。

但我可以告诉你无数这样的故事：有些人买了保险，却一直不愿意支付，直到他们真正需要索赔的时候，才意识到这件事情的重要性。

比如跟我同在一间办公室的一位行政长官，他告诉我他想要取消自己的重大疾病保险（接下来的篇幅会对此有详细解释）。事实上，这些年来他有好几次想过取消，我每次都想方设法地说服他放弃了这个念头。

一年多以前，他被诊断出患有癌症，多亏了保险政策，他得以支付抵押贷款，并争取到了足够充足的时间来恢复健康，而不必担心账单。

你需要知道的

1. 保险是如何工作的

保险的运作有几个基本原则。

首先，**用许多人的保费（付款）来支付少数人的索赔**。对于每年支付汽车保险的数百万人来说，只有一小部分人会提出索赔。这使得每个人的保费可控，这也是为什么当保险公司在一年内收到更多索赔时，保费往往会在第二年上升。

其次，保险公司和客户之间总是本着**最大诚信**的原则达成协议的。这个听起来有点老套的表述，指的是在你申请任何类型的保险时，保险公司都会假定你说的是事实，同时你必须要声明你确实是这样做的。如果你在申请表上撒了谎，你的保险最终可能会无效。

对保险公司来说，其必须向你提供你应该知道的一切，以便你在知情的情况下来决定该保险是否适合你。这一点理财顾问或保险经纪人等中间人也同样适用。

最后，一种叫作**可保利益**的东西是必须存在的。意思是说，一旦保险事件发生，投保人必须承担损失。我不能为一级方程式赛车手刘易斯·汉密尔顿（Lewis Hamilton）买人寿保险，因为他的去世并不会导致我的处境恶化。但我可以为我的商业伙伴或妻子投保，因为如果他们去世了，我会在财务上受到影响。

这也可以延伸出一个事实，就是你不能为一个孩子的生命投保。

2. 保障与保险

我在理财顾问学校[①]学习的时候，他们告诉我，“保障”

① 并没有这么一个地方存在，我是在工作中学习的。

（assurance）是用于一些无法被替代的事物，比如生命；而“保险”（insurance）则是用于一些可以被取代的事物，比如汽车或房子。

如今，专业人士更倾向于使用的“保障”一词在我看来已经过时了。我现在正试着养成习惯用“保险”这个词来形容一切。

3. 三大风险

当谈到对你未来财务的影响时，有 3 个主要的风险，你可以考虑去投保：

（1）早逝。

（2）癌症或心脏病等重大疾病的诊断和救治。

（3）因意外事故或疾病丧失工作能力。

在接下来的 3 章中，我们将更详细地介绍这些事件以及你可以购买的保险。但是你可能已经发现前边所列中有一个明显的遗漏。如果你因为裁员而丢掉了工作，那么肯定会对你未来的财务产生影响吧？

的确如此，但失业险是出了名的昂贵，而且难以理赔。因此，我在近 20 年服务客户的经历中，都没有推荐过它。通过确保你有足够的应急基金和良好的预算控制来为这种可能发生的情况做好准备，要比购买失业险好得多。当然，既然你读到了这里，这就是你的第二天性，对吧？

你需要做的

1. 安置由损失造成的财务影响

在我们详细讨论你应该考虑的3种主要保险类型之前，先试着量化这3个主要事件造成的财务影响是非常有帮助的。

仔细想想，它们中的每一个都代表了个人最大的金融资产——收入——的损失。以22岁的年轻人为例，他们刚开始工作时年收入为2万英镑。假设他们从未获得晋升或加薪，只是每年加薪3%以跟上通货膨胀的步伐。那么，经过43年的职业生涯，直至65岁，他们的总收入将超过170万英镑。

现在，假设他们每5年升职一次且加薪10%，同时每年都还会有3%的增幅。在这种情况下，他们将在43年的职业生涯中获得270万英镑的收入。

很多人可能永远不会拥有一套属于自己的房子或任何其他价值如此之高的东西。因此，我们赚钱的能力确实是我们最有价值的资产，它会受到早逝、重大疾病或丧失工作能力的严重影响。

我知道这听起来并不有趣，但是你应该花点时间来确定这些事件的影响。

· 债务

首先，你的债务会怎样？如果你是单身且故去，那么你自然不必关心债务问题，但这并不意味着你的债务会被抹去。不，你的遗产将用来进行偿还，如果你没有足够的钱或资产偿清债务，你的债权人可能会指望你的遗产受益人（通常是你的家人）来弥补差额。

对于一对夫妻来说，如果他们中的一个人去世了，幸存者有能力继续偿还债务吗？如果幸存者是主要的经济支柱，那么他 / 她应该可以。但如果妻子年收入为 10 万英镑，而丈夫年收入为 3 万英镑，两人共同承担着 30 万英镑的抵押贷款，一旦妻子去世，丈夫将陷入困境。

传统观点认为，理想情况下，在借款人死亡的情况下，任何重大债务（如抵押贷款）都应得到偿还——寿险可以用来实现这一点。如果其中一名借款人被诊断出患有某种重大疾病（更多见第 8 章），也可以使用重大疾病保险来偿还债务。

· 常规支出

不管是哪一个事件发生，为偿还巨额债务做一些准备都是有意义的，但大多数的账单仍将继续。所有拥有或租用房产的支出都将继续增加；如果你有孩子，额外支出也会增加；还有一些显而易见的事情，比如为家庭提供食物等。即使你不能工作，这些支出也都不会消失。

一个好的习惯是审视一下自己的总花销，然后计算出必要的基本花销是多少。这些都是为了生存而必须支付的东西，包括你的抵押贷款或租金，以及所有其他与经营一个家庭有关的账单，当然还有食物。

这不包括外出就餐、娱乐活动、俱乐部会员资格或订阅电视节目。你可能会跟你的朋友开玩笑说，你离不开体育频道，但如果你真的不能没有它，你当然可以这么做。

当你从预算中剔除了所有不必要的东西时，问问自己：如果你现在处于婚姻生活中，靠一份薪水还能维持这样的生活水平吗？或者，如果你是单身，不能工作，你现有的能够继续支撑你像这样生活多久？

对许多人来说，这都是发人深省的，它将突显出，如果我们失去收入，我们将面临多么严重的风险。

在接下来的 3 章中，我们将探讨如何预防这 3 件大事。在那之后，我们将学习如何制作一个有凝聚力的保护计划，这样你就可以安心、放心，如果最坏的情况发生了，你的财务生活应该能够大致保持在正轨上。

第 7 章　人寿保险

在我们的 3 个可保障事件中，过早死亡是最具创伤性的，也往往被放在三者的最后。这就是为什么那么多人从不考虑自己死亡的影响。毕竟，这并不能开启一段令人愉快的晚间对话："亲爱的，我知道今晚我们能做些什么，让我们打开一瓶葡萄酒，聊一聊我们其中一人死亡的财务影响！"

没人愿意考虑自己的死亡，但如果我们真的死了，我们就不必再担心什么了。我们应该关注的是自己的离开给身边的人带来的影响。

他们当时一定深陷亲人离世带来的精神创伤中，我们应该尽量减少他们的财务焦虑。毕竟，你能想象你的伴侣或父母在为你哀悼的同时还要去应付法警或收债人吗？幸运的是，避免这种情况的发生其实很简单。

你需要知道的

1. 术语

我们需要在开始的时候来定义一些术语，因为在你设立不同种类的保险时，你会读到和听到这些术语，你需要理解它们。

- 被保险人——生命受到保险保护的人。如果这个人去世了，保险就会赔付。
- 保险金额——如被保险人死亡，保险会赔付的金额。（顺便说一下，你可能还会看到被保障人和保障金额这两个略有不同的术语，它们的意思是一样的。）
- 保费——每年或每月缴纳的保险费用。
- 期限——保单的有效期限。
- 为另一半投保（life of another）——保单可以是被保险人自己持有，也可以是他人持有，只要双方之间存在可保利益。在实践中，最常见的例子就是在一对伴侣中一方持有另一方的人寿保险。

2. 人寿保险种类

人寿保险大致可分为两大类，每一类都有几个子类。不要走神——这部分内容很重要。

· **定期人寿保险**

定期人寿保险，顾名思义，就是在固定的期限内为生命提供保障。大多数保险都是定期保险。想想你的汽车保险——你每年都要续保，所以每份保单的期限都是一年。

在人寿保险中，如果被保险人在保险期间死亡，该保单就将赔付保险金额。如果被保险人在保险期限到期后的第二天去世，那么保险不会赔付。这听起来可能很难让人接受，但请再考虑一下你的汽车保险。如果你在这一年内没有发生事故，保险肯定不会给你任何赔偿。

因为保险金额只会在一个固定的期限内支付，这使得保险公司更容易计算出它们必须进行赔付的概率。保险公司的表格会显示一名 40 岁的男性在 60 岁之前死亡的概率。根据这些信息，它们可以在此基础上计算出提供人寿保险的费用。

只有少数 40 岁的男性会在 60 岁之前死亡，但在 80 岁之前死亡的人数要多得多。因此，20 年期的定期人寿保险比 40 年期的要便宜得多，因为它发生赔付的可能性会更小。

当然，人寿保险公司是为了盈利，但这是一件好事，因为如果它们破产了，我们所有的保单都将一文不值！

定期保险的种类

有 3 种主要类型的定期人寿保险，你需要了解：

（1）定额定期寿险——保险金额在整个保险期限内保持不变。如果你在保单有效期的第一天或最后一天去世，赔偿金将是一样的。

（2）减额定期寿险——保险金额在整个保险期限内呈递减趋势。这种政策通常用于保障抵押贷款的偿还，而在抵押贷款的整个周期中，未偿债务的额度也是在递减的。

（3）家庭收入福利（Family Income Benefit，FIB）——是减额定期寿险的一种，定期赔偿，而不是一次性支付。有时候，把一大笔钱赔付给幸存的伴侣并不能为其带来帮助，而定期的年费可能更容易管理。

这些方法都有各自的目的，适合不同的情况和不同的人。

· 终身寿险

定期寿险的主要替代品是终身寿险。同样，这类保单的命名也很巧妙，因为在这种情况下，保单的有效期是被保险人的整个生命周期，无论多长。

回想一下我们之前讨论过的人寿保险公司根据被保险人死亡的可能性来设定保费的问题。考虑到每个人最终都会死去，这难道不意味着终身寿险会非常昂贵吗？

是的，确实如此，但这其中还涉及很多其他因素，并不仅仅是 100% 的死亡概率。首先，不是每个人都会全周期地持有这份保单。例如，经济困难可能会使一些人取消他们的保单。

此外，通过不同的方式安排终身寿险，也同样会影响保费水平。

是否保证覆盖

最简单的终身寿险类似于定额定期寿险，但没有终止日期。保费不变，保险金额不变，一切简单明了。

但这类保险的保费相对较高，很多人负担不起。需求乃发明之母，因此人寿保险公司不断寻找降低保费的方法，让更多的人能更容易地获得终身寿险。

其中一种方法是引入投资元素。将每次保费的一部分用于支付保险，而另一部分由人寿保险公司进行投资。这里的逻辑是，投资部分的增长将有助于补贴寿险部分的支出。人寿保险公司还对投资部分收取费用，从而进一步降低保费。

除此之外，人寿保险公司还提供了较低的起步保费，该费率将每 10 年或更频繁地进行审查。在审查时，人寿保险公司会考虑所有因素，例如索偿历史、死亡率的变动及投资回报，以决定保费是否应该增加。

我曾见过这样的例子：保费在审查时翻了两番，这使得以前负担得起的保单变得完全不受欢迎。我对可审查保险的看法是，外行人很难理解审查的标准是什么，而且在任何情况下，他们都别想影响审查过程。他们完全听凭保险公司的摆布，而这从来都不是一个好主意。

基于这个原因，我强烈建议你避免涉及任何投资或可审查的终身寿险。相反，要坚持（公认更昂贵的）有保障的那种。至少你能完全清楚自己的处境，且随着时间的推移，保费也会因为通货膨胀的影响而变得没那么昂贵。

3. 核保

这个术语来自最初的保单，提供保险的人会在保单的条款下面写下他们的名字。如今，从保险公司的角度来看，它意味着评估你是否适合这份保单的过程。

当你完成人寿保险的申请时，你是在要求保险公司考虑为你提供保障。它们会评估你在表格上填写的细节，来确定它们准备向你提供的条款。

有时候，它们会询问你更多信息，可能会给你的医生写信，甚至让你去看医生。这整个过程被称为核保，最终会有以下 3 种结果：

（1）按普通费率承保——每家人寿保险公司都会公布它们将向你这个年龄和性别的健康人提供的标准条款。如果你的申请表上的所有信息都符合标准，你将适用于此公开费率。

（2）接受较高费率或有免责条款——有时人寿保险公司会认为它们面临的风险高于正常水平，并以较高的保费为你提供保险。或者有时它们会保持保费不变，但会排除因为特定原因引起的死亡。例如，你可能在过去经历过抑郁症。保险公司可能会给你提供普通的保险费率，但如果你自杀了，保险公司将不会赔付。

（3）拒保——人寿保险公司拒绝为你提供保障。最常见的原因是，如果你曾经有严重的医疗问题，并存活了下来。那么，你的死亡风险比那些没有遭受过这些问题的人要高得多，保险公司可能会认为风险太高，不予考虑。

你需要做的

1. 根据自身需求选择合适的保险种类

现在，你已经知道不同种类的保险是如何工作的，你可以决定哪种保险最适合自己的情况。

如果你有大量债务，比如抵押贷款，那么减额定期寿险的效果最好。保险金额会在期限内逐步减少，而抵押贷款余额也会减少。确保你的保单与抵押贷款的期限相匹配，并且保险金额的降低速率与抵押贷款偿还率相匹配。

一旦你的主要债务还清了，决定一下你会需要些什么来保护那些在你身后留下的人。如果你是单身，答案可能是零。如果你处在夫妻关系中或拥有一个家庭，那你一定要为他们做一些准备。决定是一次性从定期保单中支付，还是定期从家庭收入福利保单中支付。

2. 确定保险金额

计算保险金额。这可能很难确定，但最终往往要在高水平的保险金额和负担得起的每月保费之间达成妥协。我可能想为我的妻子提供 200 万英镑的保险，但如果这需要每月支付 500 英镑保费，我就需要把眼光放低一些。

如果我死了，我的妻子和孩子的生活还要继续。乔安妮可能会遇到其他人，或者她可能会重返全职工作，挣到足够的钱来养活家人。正确的人寿保险金额应该是在你去世后的那段时间用于缓解家人们的经济困难，而不是确保你的伴侣和孩子永远在经济上舒适。后者对你来说很有可能是负担不起的。

你也可以考虑一下定期寿险。例如，我有一些人寿保险会在我小女儿年满 25 岁时到期；我的想法是，到那时两个孩子都应该独立了，我的去世给家庭造成的影响会小一些。在那以后，乔安妮就不会因为孩子们而有太大负担，她可以更容易养活自己。

一定要重视你的雇主应当支付给你的任何人寿保险利益。有些公司会提供非常慷慨的在职死亡保险计划，这本身就是一种人寿保险。通常保险金额是你收入的几倍，你可能每年会从人力资源部得到一些文件资料，让你知道保险金额是多少。

你可以把这当作额外的人寿保险。记住，如果你换了工作，你未来的雇主可能不会提供这样的福利，也有可能他们会提供更多福利。由于你无法控制这种情况，所以请不要完全依赖在职死亡保险。

正如你所看到的，这里没有标准答案；没有你应该购买的人寿保险的最佳额度。要试着去找到一种适合自己的平衡点。

尽管如此，这里还是会有一些指导方针：

（1）单身人士——购买定期人寿保险，以确保你的主要债务得到偿还。或者购买一定数额的保险，这样你的房产就可以保留直到，比如，你卖掉房子用于还清债务为止。你可能不需要更多了，除非你有孩子——见下文。

（2）有伴侣——覆盖主要债务，并提供额外的金额或收入福利，以缓冲死亡带来的打击。考虑你的个人情况。例如，比起那些能够使自己生活舒适的人来说，那些可能会因收入能力低而陷入财务困境的幸存方会需要更多的保险金。

（3）有孩子——为孩子提供额外的补偿，弥补他们在童年时期失去你这一方的经济支持。你可能想要提供一笔钱来帮助他们上大学，或帮助他们买房，甚至只是为了给他们买第一辆车。

同样，妥协可能是最重要的。由你想要提供的东西开始着手，通过理财顾问或对比网站获取一些报价信息，看看自己是否可以承担。如果不能，考虑一下该如何妥协，直到你想出一个适合自己的总成本。

在第 10 章中有更多关于这方面的内容，我将向你展示如何为你及你的家人制订一份保险计划。

第 8 章　重大疾病保险

如果你早逝，那些留下的人就得在你离开以后面对他们生活及财务上的残局。但如果你被诊断出患有严重疾病，那么你不仅要承受病痛，还必须亲自体验因此产生的财务影响。

也有可能你的诊断意味着你的生活将在其他方面发生改变，比如需要适应搬家，或者不得不每周接受 4 次透析。如果是那样的话，你能想象你的财务状况还和现在一样吗？

当然，你的赚钱能力可能会受到严重影响，但记住，你的抵押贷款和其他承诺仍需兑现。

如今，由于医疗和护理的进步，你有更大的可能性熬过许多所谓的危重疾病，因此，为这些疾病投保是任何综合性财务规划的重要组成部分。

你需要知道的

1. 什么是重大疾病

在过去，重大疾病保险被称为“可怕疾病保险”（dread disease cover），但现在这个名字已经改变了，因为它涵盖的范围已经远远超过了一些严重疾病。

在最基本的情况下，重大疾病保险会在诊断出癌症、心脏病发作或中风的时候一次性赔付一笔钱。当然，有许多不同类型的癌症和严重的中风，所以我们需要更深入地分析。

英国保险协会（The Association of British）给出的核心重大疾病种类如下[①]：

- 癌症。
- 冠状动脉搭桥手术。
- 心脏病。
- 肾衰竭。
- 主要器官移植。
- 多发性硬化症。
- 中风。

---

① 不同国家对于重大疾病的定义和种类划分有一定差异，我国关于重大疾病的定义可参见中国保险行业协会制定的《重大疾病保险的疾病定义使用规范》，目前最新的是 2020 年修订版。——编者注

这些是据统计最有可能发生的情况，因此你可能会在每一份重大疾病保险的条款上看到它们。

此外，还有一个可能包括的附加种类清单：

- 主动脉移植手术。
- 良性脑瘤。
- 失明。
- 昏迷。
- 耳聋。
- 心脏瓣膜替换或修复。
- 四肢的损失。
- 丧失语言功能。
- 运动神经元疾病。
- 瘫痪 / 截瘫。
- 帕金森病。
- 绝症。
- 三度烧伤。

如果你被诊断出上述任何一种情况，根据保单中的具体定义，会得到保险金赔付。

通常，部分条款的措辞是，你必须在确诊后存活一段时间，通常是 14 天。这听起来可能没什么大不了的，但这意味着，如果你遭遇了一场车祸，失去了双腿，一周后死于并发症，这份保险就不会进行任何赔付。

最后，重大疾病保险通常是以期限为基础的，这意味着如果你在期限内没有被诊断出患有其中一种疾病，你将不会从这份保险中得到任何补偿。

2. 重大疾病保险与人寿保险相伴而行

重大疾病保险可以作为单独的保险投保，但更常见的情况是，它会以两种方式之一附加在人寿保险上。

一种选择是加速保单（accelerated cover），意味着如果保单的重大疾病部分发生赔付，那么此保险的责任就已经完成，并就此终止。如果你从来没有对重大疾病部分提出索赔，那么等你去世后，人寿保险会进行赔付。这是一个非此即彼的情况——保险金额将支付于其中之一，而不是两个。

另一种选择是附加险（additional cover），即重大疾病保险和人寿保险都会进行赔付——它们是两个单独事件。

这一区别还有一个额外的转折。如果你就加速保单中的重大疾病部分提出索赔，有时可能不需要任何其他的医学核保就可以购回保单的人寿保险部分。这实际上是将加速保单变成了附加险。如果这对你很重要，在预算允许的情况下，可以从一开始就选择附加险。

你需要做的

1. 确定重大疾病保险是否为优先级

虽然最佳的解决方案是为所有这 3 种情况投保——早逝、重疾、丧失工作能力——但实际上，你的预算可能不允许这样做。如果是这样，那么你就需要分清轻重缓急。

在下一章，我们将讨论收入保障保险，读完之后，你可以根据自身情况决定哪一种保险对你来说更重要。

2. 决定你可能需要的保险级别

同样，这可能需要一些妥协，但这总是会从高起点开始，然后往回进行调整。

最理想的情况是，所有的重大债务，如抵押贷款，都将在诊断出重大疾病时全部还清。

如果全额保险太贵，我通常会向我的客户推荐一种折中方案，那就是购买保险来覆盖 3~5 年的抵押贷款。这将给你提供一个缓冲期和一个从疾病中恢复的机会。这种解决方案也会便宜得多。

再重申一次，要尝试将保单的期限与它打算覆盖的债务相匹配。

3. 深入研究这些定义

在购买之前，要确保你已经真正了解了保险中的每项细则条款。对你来说，这段时间可能不会很刺激，但非常值得。

我记得在我的职业生涯中，至少有两次帮助过那些并不完全了解保险条款的人进行索赔。他们每个月都不假思索地支付保费，却并不知道自己究竟享受什么权利。还有一次，索赔期限已经过去，投保人因此错过了索赔机会——这无疑是一场灾难。

但这不会发生在你身上，因为从现在开始，你会有意识地去考虑关于金钱的方方面面。

真的，就是这样。你可以请一位理财顾问帮你购买重大疾病保险，或者你可以使用 Compare TheMarket.com 或 MoneySupermarket.com 等网站进行比较，就像你给房子或汽车投保一样。LifeSearch.co.uk 是这两条“路线”的“中转站”，能在这方面为你提供专业建议。

第 9 章　收入保障保险

收入保障保险（Income Protection Insurance）或许是最不为人所知，但最有潜在价值的一种保险。

这类保险在过去也遭遇过形象问题，正如“可怕疾病保险”一样。收入保障保险曾经被称为永久健康保险（Permanent Health Insurance，PHI），这对你我这样的普通人来说毫无意义。

如果你因病或受伤而无法工作，收入保障计划将顶替你的部分收入。然而，和所有其他保险一样，事情并没有那么简单。

你需要知道的

1. 收入保障与意外、疾病和失业保险的对比

我们先来澄清一个常见的认识误区。如果你因为被解雇而失去工作，收入保障保险不会对你进行补偿。只有当你因疾病

或受伤而无法工作时，你才能得到这笔钱。

造成这种混淆的原因是失业保险有时又被称为意外、疾病和失业保险（Accident，Sickness and Unemployment insurance，ASU）。因此，它涵盖了对健康问题的保护，但与真正的收入保障保险不属于同一范畴。

正如我前面提到的，意外、疾病和失业保险价格昂贵，很难索赔，而且只在短时间内支付，通常是一年。严格意义上的收入保障保险可能不能覆盖掉裁员损失，但在你重返工作岗位之前，无论多长时间，或者直到期限结束之前，它都会付钱给你。

我建议你避开意外、疾病和失业保险，而应该寻求一份体面的收入保障保险。拥有一笔可观的应急基金，你就可以保护自己不受裁员的影响了。

2.“能力丧失”的定义

当然，不能工作这件事情很容易理解。要么你能工作，要么你不能工作，对吗？

不。保险公司对丧失工作能力有 3 种不同的定义：

（1）**不能从事原有职业**——这意味着如果你不能继续做你在索赔前正在做的工作，保险将会对你进行赔付。

（2）**不能从事任意职业**——针对这一条，如果你不能做你自己的工作，或者其他任何以你的资历或经验适合去做的工作，保险都会进行赔偿。

（3）**不能从事日常活动**——在这种情况下，如果你不能完成一份标准日常活动清单上的两到三项，比如独立吃饭、穿衣或上厕所，保险就会赔付。

这 3 种对于能力丧失的定义是按照赔付的可能性排序的。相比起因严重能力丧失而不能独立进食，无法完成一份特定工作发生的可能性更大。这意味着“原有职业”是保险条款中一个更恰当的定义，因此它也可能是最昂贵的。

与往常一样，每个保险公司对这些定义的措辞可能略有不同。要再次强调的是，你要深入挖掘，看看你正在考虑的保险是否能满足你的需求。

你可以想象，一定有某些职业是比其他职业更危险的。我的工作时间都是坐在办公桌前，最糟糕的事情也不过就是从椅子上摔下来。相比之下，脚手架工人在高处进行体力劳动，受伤的概率要大得多。

保险公司将职业按风险从低到高进行分类，毫无疑问，它们会为风险较低的职业提供更低的保费。

3. 递延期与关联索赔

当你向收入保障保险提出索赔时，时钟就开始嘀嗒作响了，为**递延期**倒计时。如果你能在递延期结束前重返工作岗位，那么保单就不会赔付，就这么简单。

递延期越长，你提出索赔的可能性就越小，因此保险就越便宜。因此，递延期的存在有两个目的：其一，你可以根据工作中的疾病福利，或应急基金来规划你的保险——稍后会讲到更多；其二，你还可以选择较长的递延期，以此将保险的成本控制在预算之内。

假如你提出索赔后保险开始赔付，然后你又回去工作了，那该怎么办？收入保障保险只在你重返工作岗位之前或者保险到期之前进行赔付，以两者中较早者为准。当你购买保险时，你会设定一个截止日期，这可能与你的预期退休年龄、你的法定退休年龄或你还清抵押贷款的时间相吻合。

如果保险开始赔付，然后你又恢复了工作，那么当你开始重新领取工资时，保险就会停止对你的支付。

如果疾病又复发了，怎么办？通常，只要是在某一特定时期内，例如第一次索赔结束后的 12 个月内，就可以将该索赔视为**关联索赔**。在这种情况下，保险公司将放弃递延期，即刻开始赔付。如果你是因其他疾病或受伤而不能工作，则将重新计算递延期。

4. 保险金限制和指数化

想要 100% 覆盖你在患病前的收入是不可能的。一般来说，最高保险金额约为你无法工作前总收入的 70%。

不过，收入保障福利是免税的，所以你能够保留索赔所得的每一分钱，而不必为这部分所得纳税或缴纳国民保险（National Insurance）[①]。最终，你的保单赔付所得与你在索赔前的收入看起来并没有太大不同。

你可以将保费和保险金都设定为随通货膨胀而上升。这样，你就可以投保一份足以满足你当前需求的保险，并且在其他条件不变的情况下，这份保险将一直保持可以满足你的需求。

和以往一样，你应该有意识地对你的保险金额进行审查。如果你升职了，或者换了工作，那么你要通知你的保险公司，以保持适当的保险金额。

5. 个体经营者怎么办

当你为别人工作时，定义“不能工作”是很简单的，但当你是自己的老板时，家庭和工作之间的界限可能就模糊了。我们更有可能强迫自己去工作，因为我们的生存要依赖自己，而非他人。

有时，个体经营者支付自己的方式也不同于雇员。如果你拥有一家有限公司，给自己支付较少的工资和较多的股息通常是更节税的方式。但是，由于股息是基于公司盈利能力的，如果你不能工作，你还能够享受股息吗？

以我为例。我拥有并管理着一家有 16 人的公司。我有 3

① 指英国的国民保险制度。——编者注

名合伙人和 13 名员工，如果我生病很长一段时间，他们仍然可以很好地继续工作，那么，我从公司获得的股息收入可能会得以持续——在这种情况下，收入保障保险还会赔付吗？

相比之下，那些只要不工作就一分钱也得不到的人，比如那些独自一人支撑公司的人，或者那些真正的个体经营者，他们生病无法工作的情况是更加容易被定义的。

关于这一点，其实我们还有更深入的情况可以讨论，就是企业所有者以及关键人物的保护，但这确实超出了本书的范围。我的建议是，如果你是自己做生意，你应该找一位优秀的会计师和一位专业理财顾问一起探讨一下企业财务风险。两位专业人士应该会为你指出正确的方向。

本着最大的诚意，向保险公司说明你的收入来源是非常重要的，这样保险公司才能正确地为你量身定制。

你需要做的

1. 确定你需要多少保险金

假如你为别人工作，你需要搞清楚如果你长期无法工作，他们会付给你多长时间的钱。是 1 周，1 个月，6 个月，还是更长？公共部门的员工的疾病福利通常比私营部门的员工更好。要确保这件事情是有书面记录的——它会出现在你的雇佣合同里。

雇主付给你的金额可能也是有限制的。例如，国民保健署（NHS）的长期员工如果生病很长一段时间，通常会得到 6 个月的全额工资和 6 个月的半额工资。

在设定理想的收入保障保险金时，要考虑到现有的疾病福利。

2. 设定理想的递延期

同样，你也可以根据你从工作中获得的疾病福利以及任何你存储的应急基金来规划你的保单递延期。如果你的应急基金额度很高，并且有 6 个月的开支被存了起来，那么你可以选择一个更长的递延期，因为你知道自己的“安全网”会帮助你渡过难关，直到保单生效。

3. 将“必要”开支和“想要”开支考虑在内

还记得你曾写下你为生存而必须支付的最低费用吗？你可以将此作为设立收入保障保险金的最低基准，尤其是在预算有限的情况下。你可能负担不起最大的保险金额，但可以承担一个更便宜的金额。

此外，理财顾问可以帮助你购买收入保障保险，或者你可以通过提供此类服务的保险公司的网站进行搜索和申请。

第 10 章　制订保障方案

现在，你已经了解了那些可能让你的财务未来脱轨的关键风险，以及你可以用来降低风险的主要保险产品，那么要如何把它们结合在一起呢？

如果钱不是问题，那么你需要做的只是为这 3 个事件都进行投保，然后再进行下一步。但实际情况是，你的预算可能有限，所以你需要做出妥协。

在本章中，我将通过讨论如何根据人生阶段确定优先级来帮助你做到这一点。然后我们会再讲述如何申请保险产品，以及如何保存你所投保的保险记录。

你需要知道的

1. 确定你的优先级

正如我多次提到的，在制订一个全面的保障计划方面，不可避免地会需要一些妥协。通常需要在理想的保险金水平和保费之间做出妥协。

如何确定处理这三大风险的顺序在很大程度上取决于你所处的人生阶段。

举个例子，如果你是单身，没有经济上的依赖者，你可能会说你不需要人寿保险。你可能想给父母或其他家庭成员留下一些钱，让他们在你离开后帮你料理身后事。你可能想还清抵押贷款，这样你的房子就可以留给你最好的伴侣。这些都是你自己的决定，但你对生活保障的需求是低于那些背负巨额债务和有家庭的人的。

以下是我针对不同人生阶段的优先级的建议。

· 年轻（或年老！），自由和单身

你首先要做的，且最重要的，是保障自己的收入。购买你能负担得起的最高保险金额的收入保障保险。

如果你有抵押贷款，尝试购买一份重大疾病保险来覆盖它。如果行不通，就设立能够覆盖3~5年房贷的保险金。这样，一旦你被诊断出什么不好的疾病，就会有一笔现金在背后做支撑与缓冲。可以考虑将其与定期人寿保险结合，那样的话额外的费用将是最少的。

· 双职工，没有孩子（丁克家庭）

如果你们中的一位去世了，首要任务应该是减轻对幸存者的打击。保险金的额度取决于每位伴侣的相对收入。如果一方收入明显高于另一方，你可能需要根据实际情况来计算保险金。

至少，保险金应该能覆盖所有大额共同债务，比如抵押贷款。接下来，通过定期寿险提供一笔一次性付清的额外的金额或家庭收入福利，为最初的悲伤时期提供经济缓冲。

然后，你们应该保护你们的收入。如果一方的收入明显高于另一方，那么他或她的收入应该优先得到保护。

最后，不管是为了全部的共同债务，还是作为妥协先应对几年的支付，都可以考虑一下重大疾病保险。

· 年轻家庭

如果你有孩子，那么前文中丁克夫妻所要考虑的那些事情，你也一样要全部考虑到。除此之外，还一定要加上家庭收入福利，且期限至少要持续到孩子 18 岁。如果你要为他们的高等教育做准备，期限要更长。

你可能想在他们成年的时候为他们提供一小笔钱。想做到这一点，你要考虑一下信托，这个我们在下一章中会详细介绍。

· 空巢

当孩子长大成人离开家庭后，你的财务状况可能会好转，债务有望减少。因此，你对保险的需求可能也在减少。

这个时候，千万不可忽视收入保障。通常在这个时候，你的收入将达到顶峰，突如其来的一场长期疾病会完全打乱你的退休计划。收入保障保险至少会继续为你提供一个固定的收入来源，直到你退休。

在这一点上，你可以考虑使用人寿保险来弥补退休金的不足。例如，如果女方因为抚养孩子而停止过工作，那么她的养老金记录就会存在缺口，在选择人寿保险级别时，你要考虑到这一点。投资一笔可以用来弥补此差额的资金将会对你们大有帮助。

随着年龄的增长，所有的个人保险都变得越来越贵，所以现在是一个可以让你的余生过得有条不紊的好机会，尤其是如果你现在身体健康的话。

2. 菜单式保险是个好主意

找到所谓的菜单式保险（Menu Policies），可以让你的生活更轻松。这些是一站式保险，你可以在一份计划中安排所有这 3 种类型的保险。每个月会有一笔直接借记付款，让你更容易掌控自己的支出。

这些保险计划通常会提供一个机会，允许你根据某些特定事件来增加保险金，比如生育更多的孩子或迁入新居，且无须再次经历医疗核保，这算是一种福利。

当然，更主要的好处是方便。

3. 保费豁免

保费豁免，是保险的保险！它的工作原理是这样的：如果你因为意外事故或疾病而无法工作，通常在 6 个月或更长时间内，你可以停止缴纳人寿保险保费，直到你重返工作岗位。这部分保费将由保费豁免保险[①]来实现。

由于这种保险是基于你的工作能力设定的，你会发现某些保险不允许针对高风险的职业增加保费豁免。

一般来说，你的默认选择应该是在购买的任何保单中都增加保费豁免。然而，如果你是个体经营者，收入浮动很大，你可能会发现索赔对你来说很困难。如果有疑问，可以和你的保险公司、保险经纪人或理财顾问谈一谈。

4. 保单的所有权

如果你处在伴侣关系中，你们还需要考虑一下保单的所有权。对大多数夫妻来说，持有一份共同人寿保险就足够了。这种保险通常会在第一个人过世的时候进行赔付，将保险金支付给幸存者。但如果你们持有两份单独的人寿保险，你们可以选择互为另一半投保。很简单，这意味着我将持有我妻子的人寿保险保单，而她将持有我的人寿保险保单。

---

① 保费豁免在我国目前主要有两种形式：一种是直接在保险合同中以条款形式出现，另一种是以附加险的形式出现。——编者注

这么做有何特别之处呢？如果我持有自己的人寿保险保单，那么保单赔付的收益将会支付给我，成为我的财产，并根据我的遗嘱条款进行分配。我们将在下一章学习，获得遗嘱认证（即允许遗嘱执行人分配遗产）的过程可能需要一段时间。大多数人购买人寿保险是为了给自己的身后人提供一笔及时的缓冲资金，而花费 9 个月来等待遗嘱认证可能不足够好。

选择由另一半持有人寿保险保单可以解决这个问题，并为最需要钱的人提供快速支付。下一章将就这一重要问题展开更详细的讨论。

你需要做的

1. 获取一些报价并申请

一旦你确定了理想的保险金额和类型，你就需要去了解一下这需要多少钱。

大多数成本比较网站都会提供这项服务，但我建议你试试 LifeSearch.co.uk 这样的专业保险经纪公司。人寿保险属于个人理财的一个领域，在这个领域，顾问和经纪人从保险公司收取佣金仍然是合法的，并且我认为这种做法很有效。这意味着你可以得到免费的咨询意见，因为顾问已经从佣金中获得报酬了。当然，佣金仍然是由你间接支付的，包含在你的保费中。

另一种选择是向顾问或经纪人支付一笔费用，但要确保你没有同时做这两件事——这样顾问就能同时获得一笔费用和一笔佣金。你如果支付了费用，就请你的顾问将所有佣金退还到保单中——这会降低保费。

顾问必须向你展示他们为什么推荐某一特定的供应商和保险。显然，那不会是真实的原因，因为能提供给他们最高佣金的就是这份计划！ 他们必须表明已经考虑了你的需求和目标，以及为什么他们推荐的计划能够满足你的需求。

或许你会更喜欢自由的方式，自己去做所有的研究，直接进行申请。需要注意的是，如果你通过成本比较网站申请，那么该网站将获得销售佣金。

对我来说，聘请专业顾问的一个主要好处是，他们会替你做所有的申请和文书工作。根据长期经验，我可以告诉你，填写人寿保险申请表已经是一件很麻烦的事了，但这还算是容易的部分！一旦表格开始进行，你、保险公司以及你的家庭医生或医疗评估护士之间可能会有很多争论。这是一件麻烦事，花钱找人来为你做这件事是值得的。

2. 用一页纸记录一下自己买了什么

大多数人在完成一项重大任务，比如整理我们的保险计划以后，往往会忘记它，转而去做下一件事。但在你这么做之前，我建议你盘点一下，在一页纸上列举一下自己已经买过的保险。

这么做的原因很简单，我们很快就会忘记自己买了什么，而这并非一种好的有规划的理财方式。你的顾问，如果你有的话，会提供一份文件，里面有他/她提出的解决方案，甚至可能会在事后附上一份总结。但我知道，有时完成一轮核保需要几个月的时间，而人们的记忆很短。

拿一张纸，在上面写上："如果我去世了，那么……"然后填空。如果是我的话，可能是这样的：

"如果我去世了，XYZ人寿保险公司的保险单单号ABC12345678将一次性支付给乔安妮25万英镑。"

或者：

"如果我因意外事故或疾病无法工作，我在ABC保险公司有一份收入保障保单，编号为XYZ87654321，在我请病假13周后，该公司将每月支付我2 000英镑，并按通货膨胀率调高金额。"

为你的每一份计划写一句话，这样你或你爱的人就能确切地知道到底是怎么回事。

然后，将这张纸同保险公司给你的纸质保单文件保存在同一个地方。我建议你把所有这些文件的影印副本交给你信任的人，比如你的遗嘱执行人，并请他们妥善保管。在云存储中保存一份数字记录也是有必要的。

3. 定期检视你的保障方案

当你购买保险时，你是根据你目前的债务情况、家庭状况、收入水平等来投保的。而所有这些都会随着时间的推移而改变，你的保险计划也应该随之改变。

我建议你养成每年一次坐下来评估自己保单的习惯，以确保它们符合你的目标。拿出你写的一页纸总结，看看这份方案是否还能继续帮助你。现在想象一下，如果你必须从 40 多页 3 份不同的保单文件中来做这件事，你会感谢我让你提前写了那么一页总结的！

如果你认为你可以增加或减少保险，你应该联系保险公司，看看它们会提供什么样的条款，以及需要什么步骤。它们是否需要进一步的医疗核保？费用是多少？然后，你可以再次将这些与公开市场进行比较，或者重新咨询你的顾问。

假如发生了一件重要的事情，比如一次重要的晋升、一段感情的改变或者一个新生儿的出生，那么这都应该是检视的契机。

对待保障方案要像对待预算一样有规划性、有主动意识，这是非常重要的，当然，对待投资也是如此，我们将在第三步了解这一点。不要让你的保险单在文件抽屉里枯萎。每年取出一次，确保它们仍然在做你需要它们做的工作。

第 11 章　遗嘱、信托及委托书

如果我们即将去世，或者在某种程度上丧失行为能力，我们一定希望，对我们所爱的人来说，整理东西的过程是尽可能简单的。仅仅以保险的形式提供资金支持是不够的——我们还需要尽可能多地进行实用性的安排。

在这样做的过程中，你需要了解各种保险的索赔流程，以及当你去世或无法再独自做出决定时，会有什么样的法律框架来应对可能发生的事情。

请记住，这本书并不能作为一份详尽的指南，而只是提供给你所有你需要知道的和你需要做的事情，为你奠定一个良好的基础。我建议，当你阅读完这一章并决定了自己需要采取的步骤时，你应该向律师咨询如何最好地安排你这方面的财务事宜。

你需要知道的

1. 你去世后会发生什么

当你去世后，你的身后事需要有人来打理。债务要偿还，账户要关闭，资产要出售——有很多事情要做。

大多数人都知道他们应该在去世前立一份遗嘱。遗嘱是一份指示性文件，指定你的**遗嘱执行人**（为你安排一切的人），并指示他们你想要怎么做。不过，根据 Unbias.co.uk[①] 2016 年的一项研究，尽管我们大多数人都知道这是一种很好的做法，但近 60% 的人并没有立下书面遗嘱。

如果你去世了且没有立遗嘱，也就是所谓的**无遗嘱死亡**（intestate），在这种情况下，你去世后发生的事情由**无遗嘱法律**（laws of intestacy）决定。换句话说，由政府决定。如果你认为即使没有立遗嘱，你的伴侣也能得到一切，那么这个想法是错误的。这在很大程度上取决于你拥有什么以及它的价值。

我们不要拐弯抹角了。如果你还没有立遗嘱，这绝对是你现在的首要任务。先暂停一下阅读，去找找附近的律师或遗嘱撰写人吧。预约一下，把这件事完成好。他们会就你的遗嘱条款向你提供建议，并帮助你想出一些对你有用的东西。几天

① business.unbiased.co.uk/press-releases/fewer-people-in-the-uk-have- wills-in-place-than-last-year-with-nearly-four-in-ten-over-55s-having- no-will-at-all-26-9-2016.

后，你就能拥有一份适当的遗嘱。但是在预约之前请一定要阅读完本章的其余部分！

当然，我很清楚为什么人们总是推迟立遗嘱。这不是一件有趣的事情，它要求我们去考虑自己的死亡以及那些被自己留在身后的人可能会发生什么。但成熟的成年人会有意识地整理自己的财务状况。这也是你阅读这本书的原因。

你多大年纪并不重要。如果你是成年人，且有了适当的财务安排，你就应该立下一份遗嘱。大多数遗嘱可以是非常简单的，因此并不需要太昂贵。

2. 遗嘱包括什么内容

在你立遗嘱之前，你需要考虑一些事情，这样当你的遗嘱被写下来的时候，这些事情就可以被妥善解决了。

- 执行人——在你去世后，谁将为你处理一切身后事？这是一项很重大的责任，所以你要明智地做出选择。通常，人们会选择一两个亲密的家庭成员——他们信任的人。或者你可以选择一名专业的遗嘱执行人，比如为你写遗嘱的律师。
- 葬礼愿望——你会选择土葬、火葬还是其他方式？你是否想要一个宗教葬礼？在这一项中，你要就此给出指示。

无论你想对你的遗体做什么，你都可以在此项中让遗嘱执行人知晓。

- 特殊礼物——如果你想要将某个特殊的礼物送给某个人，通常要事先处理。你可能想把你收藏的珍贵的星球大战人物模型留给你的侄子乔尼，他会很感激，而不是把它们卖掉，把钱分给别人。或者你可以给你最喜欢的播客主持人 1 万英镑，为了他多年来所付出的一切。
- 剩余财产——在特殊礼物被处理好之后，你还需要决定剩余的财产要按照什么比例分配给哪些人。通常情况下，在所有的东西都卖掉，所有的债务都还清后，剩下的就会按照你这里的指示进行分配。
- 监护——如果你有孩子，你还应该考虑一下谁会愿意为你抚养孩子。一定要先与未来的监护人进行沟通，因为他们显然要承担巨大的责任。此外，你应该在你的保险计划中提供一些资金，如果最坏的情况发生，监护人就不必承担你的全部经济负担。

认真地去考虑这些事情是很重要的。如果你有伴侣，要理智而温和地跟对方谈论这件事，不要试图把自己的观点强加给对方。一起努力达成一个关于你去世后会发生什么的协议。同样，一个好的律师或遗嘱撰写人可以给你提供建议。

3. 委托书

遗嘱是关于你在去世后想要发生什么的文件，而委托书则是关于假如你还活着，但不再有能力为自己做决定的时候，你想要发生什么的指示。

试想一下，如果你不幸遭遇车祸，最后昏迷不醒，你的账单和抵押贷款仍然需要偿还。你的银行账户仍然需要管理，同时，还需要有人去和你的老板谈谈你是否以及何时可以重返工作岗位。

大多数人都没有考虑过这个问题，这也是可以理解的。他们只是假设一切都会好起来。在英国，我们有保护法庭，如果你无法管理自己的事务，它会指派某个人代表你行事，称为代理人。向法院提出申请可能是一个缓慢的过程，你必须问问自己，你是否会为了将有一个你不认识的人负责为你解决所有问题而感到高兴。你最好事先考虑好这一点，并采取你自己的措施。

永久委托书（Lasting Power of Attorney，LPA）有两种形式。第一种是**健康和福利永久委托书**，当你失去选择自己医疗和福利的能力时，它赋予你所选择的代理人来帮你做出决定的权利。这可能会涉及决定关掉生命支持系统，或者决定你最终住在哪个养老院——这确实是一个重大的决定。

另一种类型是**财产和金融永久委托书**，顾名思义，如果你无法再处理自己的财务事宜，你的代理人有权决定如何处理。

当你的代理人向你的银行出示有效的永久委托书时，银行会将其视为直接与你进行交易，只不过是通过委托的第三方。它们会希望看到通过了法院审批的永久委托书的原文件。只有到那时，它们才会和你的代理人交谈，提供你的账户的详细信息及进入权限。

代理人的权利也是受到限制的。例如，他们不能拿你的钱购买巨额礼物奖励自己。他们也不能把你的钱送给别人，除了那种你愿意为生日或圣诞节之类的事情贡献出一小笔钱的情况。

代理人的工作就是从你的利益出发来管理你的事务，就像你自己一样。他们受到法院的严格控制，如果代理人违反了给予他们的信任，他们将受到严厉的惩罚。

4. 信托

无论是在你去世之后还是活着的时候，为了有效地组织事务，你都需要了解的最后一个机制，就是信托。

把信托想象成一个盒子，里面放着某种资产。它可能是一所房子、一项投资或人寿保险或养老金的收益。资金或资产进入盒子，并根据信托条款进行管理。这个过程涉及 3 个方面。

（1）委托人——设立信托的人。

（2）受托人——受委托人的委托对信托中的资产进行保管

的人。

（3）受益人——最终将从信托中获得资产的人。

信托通常用于设置对特定资产的特定指令。你可能听说过信托基金，它会让人联想起那些亿万富翁的孩子，他们每一次的心血来潮和奇思妙想，都有父母为他们积攒的一大笔资金做支持。

对我们大多数人来说，现实更平凡。信托的一个常见用途是用来承接人寿保险。

假设你已经提名你的哥哥和嫂子在你去世后成为你 5 岁女儿的监护人，你想为他们提供一些钱来帮助他们抚养孩子。你可以买一份人寿保险，然后把它存放入信托。

在这种情况下，你就是委托人，把保险存入信托。你的哥哥和嫂子将是信托的受益人——这笔钱将支付给他们。你也可以是受托人，确保人寿保险单是最新的，但你也应该提名另一个受托人，比如你的哥哥，假如你不幸去世，他可以向人寿保险公司提出索赔，以确保能迅速获得赔付。

另一种做法是你可以将人寿保险保额只提供给你的女儿。同样，你要购买人寿保险，并将其存入信托，那么你既是委托人，也是受托人。你也应该提名你的哥哥作为第二受托人来处理你身后的事情。而你女儿将是受益人。

假设你不幸去世的时候女儿才刚刚 8 岁。由于她还是个孩子，无法合法地获取信托收益，取而代之的是，人寿保险将进行赔付，但钱将以受托人的名义存入银行账户。他的工作就是照看这笔钱，直到你的女儿年满 18 岁，那时她就可以凭自己的权利拿到这些钱。

对于受托人如何使用受托资金，有非常严格的规定。对于需要长期照料的资金，会存在关于如何管理和投资的要求，以使受益人获得最大利益。做受托人是一项繁重的责任，所以你要明智地做出选择。

你需要做的

1. 撰写一份遗嘱

我敢肯定，你在前一节中已经了解到这一点了，但是无论如何强调立遗嘱的重要性都不为过。每个成年人都应该立一份遗嘱，没有例外。

我强烈建议你以专业的方式来做这件事。是的，你需要付费，当然，你也可以去文具店获取一个 DIY（自己动手制作）的遗嘱，几乎不用花什么钱。关于这件事到底有多重要，希望我已经给你们留下了深刻的印象，如果做错了，那么几乎和不立遗嘱一样糟糕。

一份好的、专业的遗嘱会在你在世的时候给你带来内心的平静，在你去世的时候让你所爱的人的生活更轻松。这很难定价，但这确实意味着为了做一份好的遗嘱而付出的成本是值得的。

你可以登录法律协会的网站[①]或遗嘱撰写者协会的网站[②]，寻找一位你身边的遗嘱撰写专家。

在你指导别人为你撰写遗嘱之前：

（1）决定你想要发生什么。如果你有一个伴侣，和他 / 她谈谈，然后就你所有的资产提出一个双方都同意的方案，以及如果你们中的一个离世了，或者你们都去世了，你希望会发生什么。决定你可能想要把哪些东西当作特殊礼物，然后在如何分配剩余资产的问题上达成一致。

（2）计算你的价值。把你所拥有的一切都加起来，减去你所欠的债。计算个人的以及你和伴侣共同的。把房子、汽车、重要的家具或艺术品等主要物品一一列出来，以便遗嘱撰写人能更容易地考虑到这些因素。

（3）确定监护人并联系他们。获得未来监护人的许可，将他们包括在你的遗嘱中。

（4）确定你的葬礼愿望。为你的葬礼选择唱诗、诗歌，或最喜欢的摇滚音乐，并决定你想用什么方式对待自己的身体。

（5）决定你的遗嘱执行人并联系他们。选择值得信赖的朋友或家人。如果没有，你也可以选择一个专业的受托人，通常是律师。

---

① http://solicitors.lawsociety.org.uk.

② http://www.willwriters.com/members.

2. 安排委托书

委托书听起来好像是只有老年痴呆症患者才应该准备的东西，但其实每个人都应该有一份委托书。在我的职业生涯中，我曾经在一些比我年轻得多的人遭遇事故或中风后帮助其家人收拾残局。

最简单的做法是提名你的伴侣作为你的代理人，反之亦然。如果你是单身，可以请一位亲密的朋友或家人为你代理。明智地选择你的代理人，也可以考虑同时拥有多个代理人。这样不仅能够减轻一个人的负担，还能够为代理人之间以及保护法庭制定一些责任制度。确保两名代理人能够相处融洽——为了你的利益，他们可能需要紧密合作。

写遗嘱的律师或遗嘱撰写人也可以帮助你安排你的永久委托书。如果你把所有的事情都放在一起进行安排，你应该要求打折。

3. 将人寿保险存入信托

几乎在所有情况下，以另一方的生命为基础的人寿保险保单，或者将保单托付给信托，都是有意义的。这样做的主要原因是使保险收益能够迅速支付给需要它的人。

当人寿保险保单归死者所有时，那么该保险的收益将归为其遗产的一部分。遗嘱执行人需要收集这笔钱，完成申请遗嘱认证的过程，并最终将这笔钱支付给遗嘱受益人。这个过程可能需要数月甚至更长的时间。

另一个需要考虑的问题是遗产税，我们将在后面的章节中讨论。现在，你只需要知道，如果你的遗产价值超过了一定的水平，那么在你将遗产的任何一部分支付给受益人之前，都可能需要先交税。多年来持续向人寿保险支付保费，结果却花费了保险收益的一大部分来支付税款。这是毫无意义的。

将保单置于信托中能够避免这个问题，它可以确保你的保单收益得到保护。大多数人寿保险公司都提供信托契约，你可以自己填写，或者请顾问帮你填写。

4. 提名养老金受益人

我们甚至还没有提到过养老金（这将在下一环节讨论），但是当你考虑去世后会发生什么时，你需要考虑养老金和雇佣福利。

养老金有很多不同的种类，但几乎所有的养老金都会在你离开后提供某种抚恤金。如果你的配偶或伴侣依赖你，那么尤其如此。这一福利可能是减少的养老金，也可能是能够支付的基金的全部价值。不管是哪种情况，你都需要告诉养老金公司你希望把这些福利发放给谁。

联系你所有的养老金公司，包括以前的雇主，看看假如你去世会得到什么福利。拿到那些提名福利受益人的表格，并确保尽快完成。

向就职公司的人力资源部询问在职死亡福利，这是一份由你的公司提供的人寿保险。如果你的公司存在这个计划，你也将有机会提名受益人。

在职死亡福利和许多养老金福利都属于一种主信托安排，通常不构成遗产的一部分。确保你了解你所有工作和养老金福利的安排，并把它们整理好，以便在正确的时间把它们支付给正确的人。将这些福利添加到前面提到的一页纸的总结中。

* * *

好的。现在让我们来看看在根据本书的这一部分内容采取行动后，你现在应该拥有什么。你应该：

- 理解财务未来的三大主要风险以及应对每种风险的保险种类。
- 评估每一风险事件可能给你的财务状况带来的影响，并计算出需要多少保额的保险来覆盖你自己和你的家庭的风险。
- 申请你所需要的保险，对已有的保险做好记录，以便后期回顾审视。
- 决定在你去世后或无法独立做决定以后想发生什么，开始审核你的遗嘱并完成委托书。

我知道这部分有点令人沮丧。它关注的是如果你或你的家庭遭遇了不好的事情，你或者你未来的财务会发生一些什么。

但是，在你开始为你的未来做准备之前，用一份好的保险规划来打下坚实的基础是非常重要的，所以请确保对于每一章的内容，你都采取了具体的行动。我要说，把这些事摆在合适的位置上，它能给你的内心带来无法估量的平静。

可能只有不到 1% 的人做对了这件事。可能是你，如果是，你的家人会感谢你的。

现在，让我们把注意力转向在坚实的基础上建设一个财务未来，让我们谈谈赚钱吧！

第三步 智慧投资

这里我们就不拐弯抹角了，这部分十分有趣！

财务自由的实现源于长期一遍又一遍地重复一些简单的行为。当然，你可能是中了彩票，获得一大笔遗产，或者被邻居的狗绊倒并赢得索赔。但你也可能没有，在这种情况下，你最好拥有一个A计划。

现在你已经掌握了每月的预算，也已经有了应对最糟糕生活的保险基础，是时候开始一砖一瓦地建造一个你现在和以后都能享受的财务未来了。

人们很容易跳过前期那些步骤，直接投身于规划中的赚钱部分，但请想一下那个在沙滩上建房子的人吧——当事情出现差错时，他们真的会出问题。如果你还没有完全理解和去执行第一步和第二步，我强烈建议你现在就去做。

接下来，在本部分，我将介绍储蓄和投资之间的重要区别，并向你介绍风险、时间尺度和投资回报之间的基本关系。

然后我们看一下投资组合的构成以及它们是如何组合在一起的。顺便说一下，当我们把投资当作一个整体来看时，投资组合只是一个花哨的词汇而已。另外，当你和朋友谈论起你的投资组合时会感觉很棒。试试吧，你会觉得自己像"华尔街之狼"。

在讨论投资时，我们肯定要讨论税务的基础知识，以及如何利用你所拥有的所有宝贵的免税额度。最后，我将给你提供一些非常实用的步骤，帮助你建立一个有助于你实现自己人生目标的投资策略。

我很兴奋，你呢？我们开始吧！

第 12 章　储蓄与投资

储蓄和投资（我将很快解释这两者的区别）是着眼于未来的活动。你将在未来的几年甚至几十年里，看到你的行动带来的结果。因为事实就是如此，为你正在做的事情制订一份计划是非常重要的，这样你才能知道自己现在身处何处，将要去哪里，这样你才能找到一条从这里到那里的路线。

所有伟大的建筑都是从一张纸上的平面图开始的，或者更有可能，是开始于某个地方的计算机上的 CAD（计算机辅助设计）文档。如果建筑项目开发过程的第一件事是有人带着一台机器出现并开始挖地基，那么他们怎么才能把房子建在正确的位置上？甚至没人知道哪儿才是正确的地方，这座建筑也永远不会从平地上建造起来。

同样，在采取行动之前，你需要对你的财务未来进行一些思考。对大多数人来说，完全预想到自己的退休生活是不可能的，但设想未来 5 年的生活就容易多了。长期投资基本上是一种“尽可能多地储蓄”的交易，但随着你离达成目标越来越近，你可以相应地调整自己的投资策略。

在本章中，我们主要了解储蓄、投资和设定目标的基础，在接下来的章节中，将逐步添加更多的细节。

你需要知道的

1. 储蓄与投资

对大多数人来说，储蓄和投资的区别在于语义，就是同一件事的不同词汇。我在这两者之间做了一些重要的区分，具体如下：

· 储蓄是短期的，投资是长期的

当你存钱的时候，它很可能会在接下来的 3 年里被用到，比如圣诞节、明年的假期，或者你后年的周年纪念日。

当你投资的时候，你的目标是四五年以后的事情。比如，孩子的私人教育或大学费用，女儿未来的婚礼，或者非常重大的事情——你的退休。

· 储蓄是把钱存入银行，投资包括购买资产

储蓄包括将钱以现金的形式从你的主要活期账户转移到一个单独的储蓄账户。

相比之下，投资包括用你在银行的钱购买其他类型的资产，如房地产、股票，甚至黄金。投资专家把可以投资的不同种类的东西称为资产类别，但不要被这个术语吓倒。

- **当你储蓄时，你获得利息；当你投资时，你获得"总回报"**

存入银行的钱将获得利息。这是银行付款给你的方式，因为你允许它们将你的钱用于它们的其他项目，比如贷款给抵押贷款的借款人。

如果你购买资产，你通常会一箭双雕。你可以以利息或股息的形式获得收入，或者如果你拥有房产，你的收入就是房租。你还可以从你购买的资产增值中获益。两者的组合称为总回报。"总回报"通常会被简单地表达成"回报"。

- **储蓄不会创造财富，长期投资才会**

我们会在第 12 章和第 13 章看到，把现金存在银行并不是积累财富的方法。在这本书出版前的 10 年里，英国的利率一直保持在每年 0.5% 甚至更低的水平。在这 10 年中，通货膨胀率几乎一直高于 0.5%。这意味着，由于通货膨胀的影响，存在银行里的钱实际上正在贬值。

另一方面，投资的钱往往会随着时间的推移而增值。正如我们将看到的，虽然它并不总是在一条直线上发生，但长期来看，投资通常会轻松地跑赢通货膨胀，因此你的钱的价值会增加。

· 储蓄几乎无风险，投资有风险

银行里的现金通常被认为是无风险的。英国的银行存款由政府根据金融服务补偿计划（Financial Services Compensation Scheme，FSCS）提供保险，每个银行的每个人最高可保存款金额为 8.5 万英镑。即使你存钱的银行倒闭了，你的钱丢了，政府也会介入，把钱还给你，政府能为你做的也就是这样了。

投资伴随着各种各样的风险，我们将在下一章看到。风险远非坏事，而是财富积累引擎的一部分。

· 储蓄没有明确的成本，投资有成本

大多数银行不会因为你把钱存入银行而向你收费，不过有些银行会对附带了旅行保险等福利的账户收费。

投资涉及不同层次的收费。有交易成本、平台和资产包（Wrappers）[①] 成本、税收，有时还有咨询成本。

不用说，为了抵销这些成本，你肯定希望自己的投资能够做得比把钱存进银行好。

· 储蓄是利率驱动的，投资需要知识和教育

当决定把钱存到哪里时，最好的选择可能是利率最高的银行。如今，你可以通过比较网站轻松地比较数百个银行账户。

① 可以理解为一类特殊的投资账户或投资组合，详细介绍见第 16 章。——编者注

其实一家银行与另一家银行有很多相似之处，且都受金融服务补偿计划保护，你不妨货比三家，寻找最合适的。

在选择投资时，还有很多其他因素在产生影响，比如你选择的股票或基金过去的表现、世界经济的状况和前景。那些让你可以轻松地把钱拿出来的理由背后，还有更多其他的因素。因此，你需要做更多的功课，而不是花 5 分钟在一个比较不同金融产品的网站上。

2. 现金不是投资

从长远来看，投资有可能帮助你增加资金，但人们能够感知到的复杂性导致很多人从未真正开始投资。不过别担心。在接下来的几章中，我将为你提供建立投资规划所需的所有信息，帮助你实现目标。

现在，跟着我重复这个“咒语”（我的播客的老听众已经知道了）：

现金不是投资。

再说一遍：

现金不是投资。

在 21 世纪初，没有人能通过持有现金有效地积累财富。顺便说一下，我指的不是你床垫下的银行票据，而是把钱存到低息银行账户。

你应该在银行里只存储足以应付任何紧急情况的现金，比如失业或要付一大笔修理费，以及短期存款。还记得之前讨论的应急基金吗？除此之外，任何资金都应该通过投资得到更好的利用。

明白了吗？很好，我们继续。

3. 所有的储蓄和投资都应该带有目的性

当一个新的潜在客户因为手里有钱想做投资而找到我时，我问他们的第一个问题总是“为什么？”如果没有“为什么”，我就不可能确定对他们来说什么才是最好的方式。

“为什么”可能或多或少是不同的，这取决于我们展望的未来有多长远，但我们仍然需要能在自己前进方向的地平线上看到一些东西。

如果我感觉到有人想让我帮助他们投资的唯一原因是想“变得更富有”，那么我不会感兴趣。投资的乐趣在于为一个既定的目标而努力：一个安全的退休生活，一个梦想中的假期，或者一辆你一直想要的经典款汽车。这些事情使人快乐，银行账单上的零则不然。

根据我的经验，那些仅仅为了财富本身而追求财富的人通常都是些令人不快的人，他们对任何事情都不满意。如果他们获得了10%的年回报率，他们会抱怨没有得到15%，而且他们总是在与朋友和同事比较投资组合的规模和表现。

但那不会是你。相反，你会开始想象自己要朝着什么方向努力。

你需要做的

1. 建立目标

任何在商业环境中工作过的人都听说过SMART目标。SMART是词语具体的（specific）、可测量的（measurable）、可实现的（achievable）、相关的（relevant）和有时间限制（time-bound）的首字母缩写。其逻辑是，除非一个目标具有以上所有这些属性，否则它根本就不能算是一个目标。

不巧的是，我却认为SMART有点啰唆，我们或许可以把事情简化为M和T。换句话说，目标应该是可测量的，并且有一个时间限制。

在考虑财务目标时，可测量的部分通常与你想做的任何事情所需的资金数额有关，无论是资本还是收入。时间限制是不言而喻的——你想在什么时间达成目标？

如果你正在恋爱中，那么两个人一起坐下来，畅想一下：你们希望生活中发生什么？你们打算要孩子吗？如果是，那什么时候呢？完美的一年是什么样的？想要多少假期？想做全职工作还是兼职工作？

你以后想买房子吗？如果是，你会住在哪里？会是什么样的房子？有多少间卧室？是郊区的房子还是城市的顶层公寓？

然后再考虑一些更长远的问题吧。如果你有孩子，你是想让他们接受私立教育吗？想供他们上大学吗？你愿意帮助他们买房，或者为他们梦想中的婚礼买单吗？

然后考虑最终目标。你的目标是什么？你计划有一天退休吗？如果是，那会是什么样子？是整天无所事事，白天看看电视，还是做一些志愿工作，或者环游世界，或者自己创业呢？

以上所有的目标都是相当普遍的，但重要的是你的目标是独一无二的。你可以按照自己的意愿来设计自己的生活。当然，你可能无法实现你想要的一切。如果你的目标是每年乘坐私人飞机飞往马尔代夫度假 3 个月，然后轮流在伦敦和纽约的公寓居住，在米其林星级餐厅用餐，开最好的车，但你目前只是一名麦当劳的经理，那么你可能需要将眼光放低一点。

然而，我们现在生活的世界中充满了前所未有的机遇。互联网意味着我们比以往任何时候都更紧密地联系在一起，这为你提供了更大的创业机会，在 20 年前这种可能性是微乎其微的。我在网上追踪那些在家里经营着 7 位数生意的人，全都通过网络经营。如果你准备好去做这样的工作，并且运气好一点，那么你在 2018 年实现环球旅行梦想的机会要比在 1998 年大得多。

假设你将在你的领域中选择一条职业道路，并期望工资稳步增长，那么你的财务自由的实现将取决于你在每天、每周、每月和每年是如何实施财务自由的3个步骤的。但只要这样做，你就有能力积累尽可能多的财富。

2. 试着为你的目标定价

唯一有效的方法就是用今天的钱来思考。我的意思是，打个比方，当你在为 5 年后的梦想假期制定一个价格时，你要根据今天的花费来为这个假期定价。（你可能想要了解通货膨胀，暂时忽略它，我们在后文中很快就会讲到这部分内容。）

如果你现在购置梦想中的房子，会花多少钱？如果你今年夏天乘游轮旅行，你愿意为此付多少钱？如果你想从你的孩子 11 岁开始就让他去私立学校，每学期的学费是多少？两个孩子有折扣吗？

研究这些东西是相当容易的，因为这些费用信息可以在网站和手册上免费获取。但要给一些非常遥远、无形的东西定价，比如退休，则要困难得多。

当在考虑设定退休目标时，如果它在未来的 10 多年后才到来，我不会浪费太多时间去想得太精确。相反，想想如果你不工作，想维持像现在一样的良好生活方式，那么你每年或每月可能要花多少钱。这只是一个计算你每月花销的例子，也许你可以把抵押贷款忽略掉，因为你很有希望在退休时将这笔钱还清，你也可以扣除人寿保险费用或储蓄，然后再添加一些你想要拥有的东西。这可能包括每隔几年换一次车，或者每年放两次假。记住，这是你的退休生活。

从现在来看，把目标设定在每月 250 英镑或 500 英镑，应该是合理的。

我们的目标和计划越完善，我们离达成它们就越近。未来一两年的目标是最明确的，5 年的目标就有点模糊了。对大多数人来说，退休就像通往未来某个地方的一个模糊的光点。

这就是大多数人寻求理财建议的原因。大多数人都能很好地实现短期和中期目标，但当谈到退休计划时，他们就需要帮助了，因为这些模糊的东西不会永远模糊。当我们进入 40 多岁、50 多岁，甚至 60 多岁的时候，它会变得越来越清晰。

我建议你用下面的格式写下几个目标：

“我希望在某某日期之前能省下 X（金额）英镑，这样我就能做事情 Y 了。”

你的可能是这样的：

“我希望到明年夏天能省下 5 000 英镑，这样我们就可以享受一次家庭度假，而不用靠刷信用卡了。”

或者：

“我想在 60 岁退休，享受每月 2 000 英镑的生活方式。”

确保有一个数量和时间限制。这很重要，因为它将帮助你决定如何投资你的钱来达到你的目标。

第 13 章　风险、时间尺度与回报

等等，什么？风险？我不喜欢听到它！

是时候熟悉一下风险了，因为它是成功投资不可避免的一部分。事实上，你不会想要避免它，因为风险实际上是一种工具，当投资时，你可以使用它来让自己得到实现目标的最佳机会。

你需要知道的

1. 风险以不同的形式出现

说到储蓄和投资，有很多不同的风险需要你注意，其中一些可能并不像你想象的那样。

· 通货膨胀风险

通货膨胀这个词用来描述物价随时间普遍上涨。问问你的父母他们买第一套房子花了多少钱，你就会发现通货膨胀的影响。我的父母在1980年以4 000英镑的价格买下了养育我长大的房子。而我花了他们2倍的价钱买了我的车，花了他们45倍的价钱买了我养育自己孩子长大的房子。这就是通货膨胀——简单来说，就是物价上涨。

某些情况下，事情也并非如此。我现在正在看我的苹果手机；如果它在1980年就存在，那么它的处理能力将花费数百万美元。在现在这种情况下，一个计算能力单元的成本是显著降低的。

然而，在大多数情况下，通货膨胀都意味着物价上涨。当我把通货膨胀当作一种风险来讨论时，我的意思是这种风险对作为投资者的你来说是不利的。

投资的目的是让你的钱增值。你想把100英镑变成200英镑，这样你就能用它购物了。你要选择一种让100英镑预期在5年内增长到200英镑的投资方式。问题是，当你花了5年的时间后，原来价值200英镑的东西届时可能价值250英镑，所以你必须更加努力。

换句话说，如果成本每年增长3%，而你的投资增长7%，那么实际上，你的钱的购买力只增长了4%。通货膨胀吞噬了投资增长的3%。

近年来，英国的通货膨胀是可预见的。两位数的通货膨胀似乎已经过去了，这是一件好事，但通货膨胀永远是生活的一部分，所以我们需要理解和接受它。

· 惯性风险

惯性风险指的是由于什么都没做而错失良机的风险。我向你们保证，在接下来的几章里，我要讲的每一件事都会奏效，但前提是你们要采取行动。

太多的人总是等待太久才开始，因为他们害怕自己会把事情搞砸，或者他们只是想在开始投资前再多读一本书。

成功投资的秘诀之一是，你投资的时间长度比许多其他因素和变量都要重要，包括试图从某个最优点开始。你能做的最好的一件事就是现在开始。你投资的时间越长，你的钱增长的时间就越多，所以为什么要等待呢？

惯性是故意的对立面。当你应该行动和执行的时候，你却在犹豫和担心。那不是你，但要注意，它可能永远是一种诱惑——毕竟你也是个正常人。

· 长寿风险

这是为那些想要退休的老年人准备的，你可能比你的钱要生存得更长久。

在工作中，我花了很多时间帮助人们规划他们的退休生活，这样他们就可以慢慢地把钱花在自己身上，或许还可以留一些给孩子们继承。我希望他们在晚年有足够的钱来支付医疗费用。

对这些人来说，最糟糕的情况是，他们可能会活到 80 岁，身体仍然很好，然后却因为没钱了而不得不卖掉房子，或者彻底改变自己的生活方式。人们往往会低估自己的寿命，年龄65岁的人平均还可以再生活接近20年。我相信你会同意，对于没有收入的人来说，这真的是相当长的一段时间。

想象一下，如果你决定从明天开始休假20年。你的钱多快会花光？这就是为什么通过努力存钱为退休做准备这件事儿如此重要，同时，还要规划好在退休后如何花掉这笔钱。

· 投资风险

这是大多数人在考虑投资时会想到的事情。首先，这意味着可能你用现金购买的那些你认为价值会上升的东西，它们的价值却在下降，导致你赔了钱。

它还可能意味着你放心地把钱委托给那些银行、保险公司或投资公司，但它们破产了，你失去了一切。幸运的是，这种情况非常罕见，而且英国金融服务补偿计划会为你提供保护。

有些投资比其他投资风险更大。我的意思是，资产价值随时间波动的幅度更大。从图13.1中可以看到，随着时间的推移，两条线都是向上的，而深色线的上下波动要比浅色线大得多，浅色线相对较平缓。这就是我们所考虑的不同投资的风险——这条线有多不稳定。我们把这条线的波动称为投资波动。正如我们将要学习的，你可以利用这种不稳定或波动来创造财富。

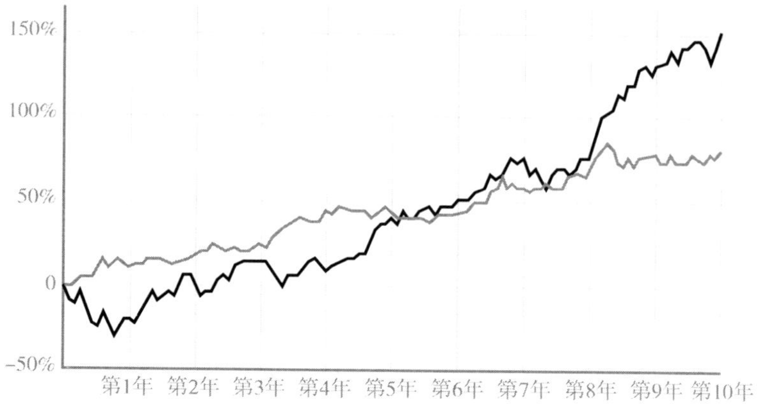

图 13.1　不同资产的价值随时间波动幅度比较

· 行为风险

不管一项投资波动多大（这条线有多不稳定），只有当你以低于买入价的价格出售资产时，你才会赔钱。如果你不出售它，它的价值可能会低于你在某一特定时间点的预期，但只有当资产通过出售转换回现金时，你才会意识到你真正承受了损失。

当然，这件事说起来容易，做起来难。在某一年收到来自投资公司的声明，发现你的投资的价值是低于去年的，这件事一点也不有趣。如果这样的事情连续发生两年或者三年，那么你很可能会想要退出。但这恰恰就是你赔钱的时间点。

我们对待金钱的方式可能正是最大的风险。这就是为什么了解金钱是如何运作的如此重要，这样我们就能做出明智的决定，而不是过于情绪化。

2. 风险与回报相互关联

你准备承担的风险水平和你期望获得的回报之间存在着一定的联系。让我们举个极端的例子。

约翰和简分别得到了一笔 10 万英镑的遗产。约翰把钱存入一个利率为 1% 的银行账户，每年花掉 1 000 英镑的利息，直到去世。那么他的受益人将得到全部 10 万英镑的遗产，因为约翰所花的只是利息，而不是本金。

而简选择带着 10 万英镑的遗产来到肯普顿公园赛马场，在那里她把所有的钱都押在了下午 3:30 比赛的一匹马身上。

在场景 A 中，简以 500 : 1 的赔率赢得了 500 万英镑的奖金，同时还拿回了自己的赌注——这是一个不错的下午。

在场景 B 中，简的马第一场就失败了，她失去了一切。

约翰的财富永远不会增加，因为他每年要花掉 1 000 英镑的利息，但至少他把钱存在银行不会有任何损失。简可以赢很多，也可以输很多。

关键点在于简可以从她的钱中获得巨大的回报，因为她做好了冒险的准备。约翰不准备冒这个险，并且满意于自己因此而只能获得的低利息。

幸运的是，投资比赌马要微妙得多，建立一个可预期回报率和相对可预测风险水平的投资组合是很有可能的。

不过，就目前而言，你只需要接受风险和回报之间的联系。当我们在下一章讨论你可以投资的不同资产时，我们会对此进行一些补充。

3. 风险容忍度和损失承受能力

谈论一种特定的投资风险是一回事，但谈论当你的钱被用来投资，以及它的价值在上下波动时，你可能会做何反应则完全是另一回事。

试想一下，你努力工作，筹集了 1 万英镑用于投资。3 周后，当你登录你的账户时，你发现它的价值已经跌到 9 500 英镑，你感觉如何？如果价值跌至 8 000 英镑或者 5 000 英镑呢？如果涨到 1.2 万英镑呢？

你在情绪上应对投资内在波动性的能力，被称为你对风险的态度或你的**风险容忍度**。

将你塑造成今天这个样子的因素有很多。例如，父母在你面前谈论金钱的方式，你在最初经济独立时的早期经历。以上这些以及更多其他因素共同作用形成了你独特的金钱故事。你与金钱的关系以及你对投资风险等抽象概念的态度都是由这个金钱故事决定的。

你的**损失承受能力**是不同的。这个术语指的是，你承受金钱损失的经济能力。

如果你所投资的 1 万英镑代表了你在这个世界上所有的钱，那么你承受失去这笔钱的能力比一个拥有 1 000 万英镑的人要低得多。如果你损失了这笔钱，那将是灾难性的。而如果另一位女士在她 1 000 万英镑的投资组合中损失了 1 万英镑，她几乎不会在意。

在构建任何投资组合时，风险容忍度和损失承受能力都是要考虑的重要因素。它们会告诉你应该冒多大的风险。

4. 风险是可以管理的

在合理范围内，任何投资的风险都可以通过以下 3 种主要方式管理。

（1）多样化——这是一个用来分散你的钱的花哨词。你听说过“不要把所有的鸡蛋放在一个篮子里”这句话吗？在投资中，多样化就是将这句话付诸实践。你应该持有不同种类的账户，你的投资组合应该由不同种类的投资资产组成。每一种资产都代表一个不同的篮子，你可以把钱放在里面。

（2）时间——长期实践证明，你持有一个投资组合的时间越长，其回报就越是可以被预测。例如，一个适度的冒险型投资组合，在 10 年内的平均年回报率可能为 7%。在任何一年，它都可能上升 25%，或者下降 15% 甚至更多。你持有投资的时间越长，潜在回报率的范围就越有可能回到平均每年 7% 的水平。我稍后会对此进行详细解释，但是现在，请相信我，长期持有投资可以有效地降低风险。

（3）检视——一项随着时间的推移而被忽视的投资会存在

偏离初衷的危险，因此定期检视你的投资是一个很好的做法。这并不一定意味着你要改变它们，而是你应该关注它们。美国有这样一则轶事：一家大型投资公司分析了一段时间内表现最佳的账户。但当工作人员与这些账户的持有人接触时，大多数人甚至忘记了他们在这家投资公司拥有账户！正如我们稍后会讲到的，对你的投资组合进行不必要的修改弊大于利，但是完全忘记它也并非一个有意积累财富的人该有的做法。

幸运的是，将这3种风险管理方法纳入你的计划是很容易的。

5. 投资回报与投资者回报——行为差距

关于健忘的投资者拥有表现良好的账户的故事，是我们在谈论**行为差距**（behaviour gap）时的一个很好的比喻。我不确定这个短语最初是谁发明的，但可以肯定的是，美国理财顾问卡尔·理查兹（Carl Richards）[1]让这个短语出名了，他非常善于用简单的图表解释复杂的概念（见图13.2）。

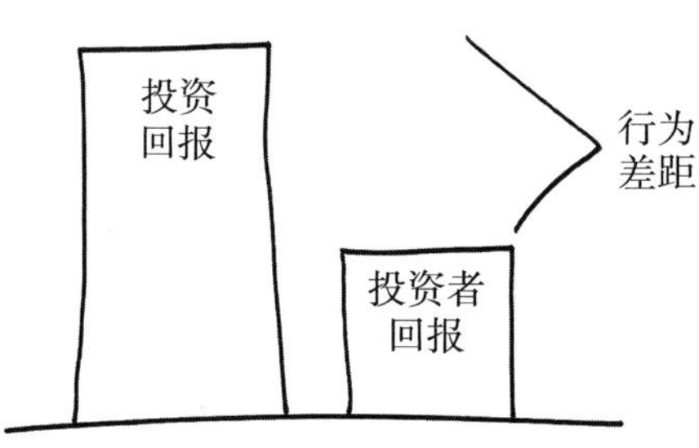

图 13.2　卡尔·理查兹用来解释行为差距的图

如图13.2所示，一项资产的收益与投资者在该资产中获得的收益之间的距离就是行为

① www.behaviorgap.com.

差距。

投资表现基于供求规律以及感觉——市场对特定投资的感觉。投资的价值会随着时间的推移而上下波动，但总的来说，趋势是上升的。

问题在于人们自己。他们总是试图在恰好正确的时间进行投资。他们玩弄自己的投资组合，并为此付出代价。当他们应该投入更多资金的时候，他们反而会惊慌失措，进行抛售。简而言之，人类在投资方面并不是最聪明的。

“价值投资之父”、《聪明的投资者》一书的作者本杰明·格雷厄姆，曾经这样说：

“投资者的主要问题，甚至可以说最大的敌人，很可能是他自己。”

我将这句话用大号字体写在了自己办公室的墙上，用来持续不断地提醒我的客户。

你需要意识到的一个关键风险，是你自己破坏投资回报的倾向。

你需要做的

这一部分内容知识量很大，你可以通过采取以下几个实用的步骤来运用我们所知道的关于风险、时间尺度和回报的知识。

1. 评估你对风险的态度

如果你需要一名顾问来帮助你进行财务规划，那么他会先带你进行一个风险容忍度测评。如果你想自己做这件事，我知道的做风险测评的最好工具是 meaningfulmoney. tv/myrisktolerance。

开发这种风险工具的聪明人使用了大量的学术研究来创建和维护它。每个人的评估需要支付大约 30 英镑，但从长远来看，这是一笔很小的钱，因为结果将有助于你开启你的投资之旅。

最终的测评结果是一份报告，报告会根据你的答案，显示你的风险状况与总体人口的比较。还有一些细节是跟你风险容忍度相同的人可能会对市场事件做出的反应，以及他们如何从整体上看待风险。

谷歌搜索可能会抛出一些评估风险容忍度的免费方法，但要小心，因为并非所有的风险问卷都是客观的。有些与特定的产品有关，可能会引导你朝着某个方向前进。还有一些测评方法的问题在于从本质上来看根本就是不必要的。

无论你使用哪一种风险分析工具，结果都是你可能会被划分到以下三大类：

（1）保守——你担心自己可能会赔钱，但你明白，为了积累财富，一些风险是必要的。你不喜欢看着你的钱在价值上起起落落，如果情况变得太糟，那么你可能会忍不住出手相救。

（2）平衡——你愿意承担一些风险，并明白投资有时会有很大的起伏。你可能会对市场的大幅波动感到紧张，但一般来说，你应该能够长期坚持下去。

（3）激进——你对投资经历的起起落落感到很自在，不会过于担心。当然，你也不会因为担心自己的钱蒙受损失而失眠，因为你知道从长远来看，一切都会好的。

当然，这其中有很多细微的差别，也有和地球上的人口一样繁多的解释。你可能会看到一些对上述术语的修饰语，比如适度保守或平衡+。每个分析系统都是不同的，阅读这些结果，看看它是否确实反映了你对投资的感觉，这是非常重要的。

最后，请记住，如果你刚开始投资，你没有多少风险容忍度的参考框架。在这种情况下，你可能应该谨慎行事。

2. 考虑为不同的目标使用不同的“罐子”

曾几何时，人们经常把钱存到现金罐里，用旧果酱罐或类似的东西。他们可能会用一只罐子里的钱过生日，用另一只罐子里的钱过圣诞节，还有一只罐子里的钱用于明年去海边玩。

尽管实体的果酱罐已经被在线储蓄和投资账户所取代，但同样的模式在今天仍然适用。

如果你要为不同的目标而存钱，且这些目标跨越不同的时间，那就要考虑使用不同的账户来分开存钱。它会让你头脑清醒，从而能够很容易地进行追踪。

我有一个单独的银行账户，每个月我们都会往这个账户中为圣诞节存入一笔钱。我们还有另一个银行账户，用来为更重要的事情而存钱，比如度假和换车。此外，我们还对女子大学基金等项目进行了投资。当然，我们还有为退休准备的养老金账户。

随着在线投资平台和在线银行的激增，为不同的理财目标设置虚拟账户、在这些目标之间转移资金，以及随着时间的推移来掌握这些目标，变得非常容易。

3. 记住——只有当你意识到损失的时候，它才算损失

好吧，对这一点我们更多需要的是一种了解，而不是一种行动，但我想把它放在这一章的最后，这样它就会产生强烈的共鸣。

假设你投资了 1 万英镑，一年后，你收到一份声明，显示它已价值 1.2 万英镑——你感觉如何？

第二年，你的账单上显示其价值变成了 8 000 英镑。你已经损失了 4 000 英镑！你又感觉如何？

当然，你还没有失去任何东西。只是你的投资价值发生了变化。如果你在不久的将来不需要用到这笔钱，你可以让它继续运行，希望它能恢复到以前的价值水平，或者你可以在匆忙

的恐慌中卖掉这份投资，以防情况变得更糟。

这就是为什么你不应该投资你在短期内可能会用到的钱。你必须给投资以时间，让它们去经受风风雨雨。

我能给你的最好的风险管理建议是，你要明白一点，在你卖掉你的投资并将现金收回银行账户之前，这些投资的价值很大程度上是理论性的。

这意味着当你朝着目标前进时，你不需要过于执着于投资报表上的价值。是的，你要不时地检视一些事情，但是你不能因为旅途中某一点的数字而感到恐慌。记住行为差距——不要成为自己最大的敌人。

第 14 章　资产类别

投资发生在几个不同的层面。接下来的几章将依次介绍 4 个主要层面。简而言之，它们是：

（1）资产（asset）——这是最细粒度的级别，代表你所持有的基础投资。资产是你用钱买的东西。房地产是一种资产，股票和黄金也是。在本章中，我将讨论你需要了解的主要资产类别。

（2）基金（fund）——大多数人把他们的资产放在基金里。这个被称为集体投资的系统，意味着你可以把你的钱和其他很多人的钱放在一起。这样做，你可以通过进一步分散资金来降低风险，并从降低的成本中获益。我在第 15 章中会讲到。

（3）资产包（wrapper）——一种可以保存资产的盒子。个人储蓄账户是一种资产包，通用投资账户（General Investment Account，GIA）也是，养老金也是。我们会在第 16 章来讨论这个。

（4）平台（platform）——平台是一个在线管理系统，你可以把不同种类的资产包放在一个“屋檐”下。这使得资金转移和组织投资变得容易。你将在第17章中找到关于这方面的细节。

图14.1显示了它们如何工作。

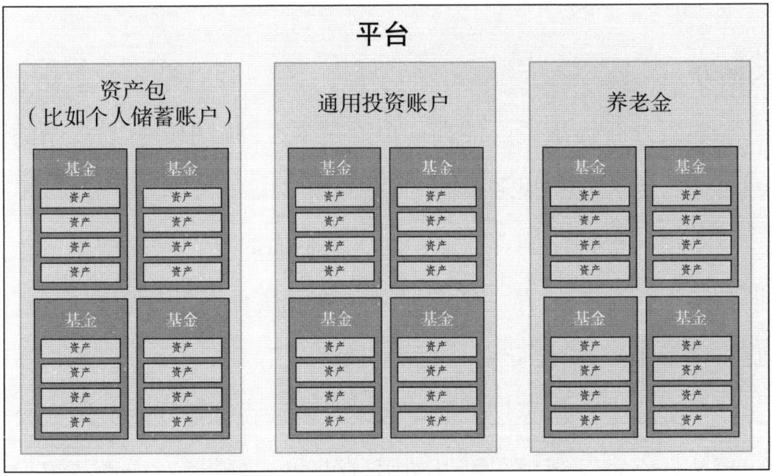

图 14.1　投资各层次之间的关系

你需要知道的

1. 主要资产类别

我们将资产分类，让人们考虑起来能更容易。下面我会讲到每种主要的资产类别，大家将会明白我的意思。

· 现金

我知道，我知道，我说过现金不是投资。是的，它不是。

但它有时也会成为其他资产组合的一部分。通常你可以持有一些现金作为投资组合的一部分用以支付费用，但一般情况下，你持有的现金不会超过你投资资金的1%或2%。记住，你背后有应急基金支持，所以你不需要在你的投资组合中持有现金。

· 债券

对于外行人来说，债券这个词是个人理财中最容易混淆的一个词，因为它有很多不同的意思。

当银行提供定期存款账户时，我们有时会把它们称为三年期债券或一年期债券。还有一种叫作投资债券的税收资产包，我将在第16章简要介绍。

但实际上，债券是借据。假设像玛莎百货这样的英国大公司想要开一家新店，它可以动用自己的现金储备，或者从银行贷款，或者发行债券，让像你我这样的普通投资者借钱给它来建造这个商店。

作为对你的资金的回报，你会收到一张上面写着你借给玛莎百货的钱的数额和利率的借据（也就是所谓的**息票**，玛莎百货会在收到你的钱的时候给到你），以及玛莎百货还你钱的日期。

你的借据上可能是这样写的：

玛莎百货欠你1 000英镑，它将于2025年7月1日偿还这笔钱，它将于每年支付你3%的利息。

到目前为止，一切都很简单，但接下来的事情就有点复杂了：这些借据或债券是在证券市场上交易的。

想象一下，养老金的受托人需要一个有保障的收入来源来向它们的养老金领取者进行支付。它们可能会想要购买玛莎百货的债券，因为它们知道，只要公司不破产，未来几年它们每年都会得到 30 英镑（1 000 英镑 ×3%）的担保。

养老金受托人找到你，想用 1 100 英镑来交换你的债券。那么恭喜你，你刚刚赚了 100 英镑，因为你只花了 1 000 英镑买它。你把债券转手，结局皆大欢喜。

但是等一下。2025 年，当玛莎百货偿还现在由养老金受托人所有的债券时，它只会偿还 1 000 英镑，因此养老基金在这笔交易中损失了 100 英镑。这是它们为确保收入而付出的代价。为确保自它们从你手中购买债券之日起，到 2025 年赎回债券之日止，每年能获得 30 英镑的收入，它们已经支付过 100 英镑了。

在全球证券市场上每天都有数百万此类债券易手。债券主要有两种收益：第一，它的收入现金流，这也是迄今为止最重要的方面；第二，债券的价值，它是收入现金流和赎回前剩余时间的函数。

央行设定的利率也会对债券的价值产生影响，因为随着利率的变化，债券的吸引力或高或低。如果一个投资者可以从银行账户获得不错的利率，那么他为什么要冒险投资债券呢？

关于债券，你需要知道的另一件事是质量等级。

可以想象，作为一家大公司，玛莎百货在吸引投资者购买其债券方面不会遇到任何困难。它是英国零售业巨头，尽管它的状况也时好时坏，但它通常会被视为一种相当安全的押注，偿还借据几乎没有问题。

假设我的公司杰克逊财富管理公司发行债券。我们是彭赞斯的一家小型金融咨询公司，因此我们破产的可能性比玛莎百货大。那么，我们如何才能吸引投资者参与我们的债券发行呢？

答案是提供更高的息票率或利率。债券的质量等级如图 14.2 所示。

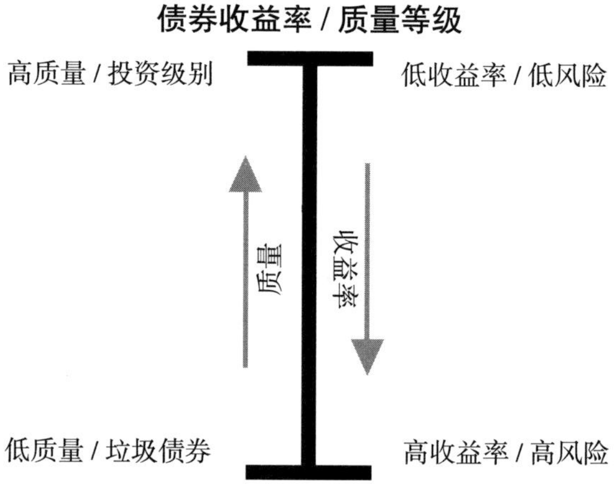

图 14.2　债券的质量等级

正如你所看到的，息票率通常用利率百分比来表示，质量等级越低，利率越高。次级投资债券，有时被称为垃圾债券，提供最高的利率，但也会带来最大的损失概率。投资级债券风险较低，因此利率较低。

说债券风险低于股票风险有点过于简单化，尽管从历史上看，债券的波动性确实较小，回报率也比股票更平稳。更准确地说，债券和股票的表现是不同的，这就是为什么在任何投资组合中都分别持有一部分这两种资产通常是一个好主意，可以从两种资产的回报中获益。

当公司发行债券时，它们被称为**公司债券**。当政府想要筹集资金时，它们也可以发行债券。在英国，政府发行的债券被称为**金边债券**。在美国，它们被称为短期无息国库券、短期国债，有时也被直接叫作国库券。政府债券往往比公司债券更安全，因为它们是由发行它们的政府支持的。政府也可能会破产，但这种情况通常不会发生，而且比一家公司破产的可能性更小。

最后，你可能听说过债券属于一种叫作固定利息或固定收益的投资。我认为这没什么用，因为这些术语对我来说意味着固定利率的银行账户。但是，正如我们所看到的，债券的收益确实是固定的，即使它的资本价值在很大程度上由证券市场决定。

· 股票

一股是一家公司股权的一小部分。通常当我们投资股票的时候，我们投资的是那些股票在证券市场上交易的上市公司。

股票回报有两种形式。首先，如果公司盈利，可能会发放**股息**，将利润分配给股东。

其次，股票价格本身的涨跌，主要取决于市场情绪，也就是说，市场对该公司及其前景的看法。如果普遍的感觉是艰难时期即将到来，或者公司管理层没有达到要求，那么股价可能会下跌，因为卖家可能多于买家。

如果公司所在的市场欣欣向荣、前景良好，管理质量上乘，那么其股价可能会上涨，因为更多的人会购买股票，参与公司的成功。

股票的所有权赋予你一些权利。除了分红，你还可以对公司的决策进行投票，不过作为股东，你通常会把公司的日常运营委托给董事会，董事会对你和公司的其他所有者负责。

· 房地产

房地产是一种独特的资产类别。几乎每个人都能理解房地产，因为它是有形的。你可以到一处房产，站在里面，双手沿着墙壁抚摸。我们中的许多人在生活中也支付过租金，所以我们理解，房子的所有者收取租金，作为回报，他们必须保证房子维持一个良好的状态。

许多人通过购买实物建筑来投资房地产。通常，他们通过购房出租抵押贷款（Buy-to-let Mortgage）[①] 的形式借钱来实现这一目标。当然，他们必须偿还抵押贷款，这就减少了他们收

① 英国的银行提供给购房者的一种抵押贷款形式。

到的租金净额。在过去 20 年左右的时间里，获得购房出租抵押贷款比以往任何时候都要容易。英国税务海关总署（HMRC）2014 年的数据显示，英国有 175 万私人房东。

投资房地产的另一种方式是通过基金，你可以把钱投入其中，与众多其他投资者共同购买大型房地产，比如停车场、购物中心和商场。我们将在下一章详细讨论这一点，以这种方式投资可以避开房地产投资的最大问题之一。

这个问题是，房地产是**缺乏流动性**（illiquid）的。这是一个可爱的技术性词汇（记住，它很重要），这意味着房地产很难出售。如果你拥有一处投资性房产，并想卖掉它，但当地房地产市场不景气，你可能需要几个月的时间才能把它卖出去，或者你可能不得不降价出售。如果你急需钱，这可能会是个麻烦事。

如果你投资实物资产，还有一些其他问题需要考虑。假如你有抵押贷款，并且由于某种原因，你有一个空租期，也就是说，有一段时间没有租户支付给你租金，但你仍然需要支付抵押贷款。

房东在法律上也肩负着一些重要的责任和义务。如果他们未能履行任何一项职责，他们将面临被起诉、罚款甚至监禁。

综上所述，175 万私人房东这个数字是不会出错的，房地产仍然是英国最受欢迎的资产类别之一，我的朋友罗布·本斯（Rob Bence）和罗布·迪克斯（Rob Dix）主持的房地产播客经久不衰，更是证明了这一点。

- **另类投资**

最后一个主要的资产类别将许多较小的类别合并成一个大的集合，称为另类投资。这可能包括：

- 大宗商品——指的是我们人类的消耗材料，如金属、石油和天然气，以及软性大宗商品，如小麦、大米和橙汁。
- 黄金——作为金属，严格来说，黄金应该被列入大宗商品类别，但它在投资者心中占据着特殊的位置。金价波动剧烈，但许多投资者仍将黄金视为避险投资产品。之所以如此，是因为从历史上看，当股市下跌或通胀上升时，黄金都表现良好。
- 私募股权——这涉及那些收购其他公司或投资于初创公司的公司，充满刺激性——做好大赚一笔或损失惨重的准备吧。
- 对冲基金——对冲基金往往会在股市下跌时赚钱。它们通过从第三方借入股票并为此支付一定费用，来实现这一奇迹。它们会在市场高涨时卖出股票，在股价下跌时再买回来。它们将差额装进口袋，并将股份返还给第三方。

还有其他资产可能属于另类投资，但刚刚这些是你最可能遇到的主要资产类别。通常，之所以称其为另类，是因为它们的运作方式与其他类别不同。当你试图建立一个投资组合时，这就派上用场了。

2. 地理因素

投资除了要考虑不同资产类别外，还需要考虑地理位置。

假设你决定投资股票。你可以购买一组英国股票，并满意于自己的选择。但是，如果我告诉你，英国股市只占全球股市的8%，那会怎么样呢？难道你不想从剩下92%的价值中分一杯羹吗？难道你不想在美国、欧洲、日本或其他地方进行投资吗？

正如不同的资产类别有不同的表现，不同的地理区域也有不同的表现：

- 发达市场——主要指西方发达国家如英国、美国和欧元区，以及远东的一些主要经济体，比如日本。这些都是高度发达且监管严格的市场，通常流动性很强——买卖容易。
- 新兴市场——这些国家的目标是追赶发达国家。它们通常是非常大的经济体，但市场和监管体系还不够发达。例如巴西、俄罗斯、印度和中国。新兴市场通常比发达市场波动性更大——在这里，你可能赚大钱，也可能赔大钱。
- 前沿市场——这些还要再往下一个级别，包括一些非洲国家和小一些的远东国家，比如越南。与新兴市场相比，前沿市场的波动性更大。

无论你在哪里投资，在一个特定的地域都既有好处也有坏处。一个对你可能有利也可能不利的因素，是**汇率风险**。

假设你要买一家美国公司的股票，而你是英国投资者，那么你必须把英镑兑换成美元。假设汇率是 1.5 美元兑 1 英镑。

你购买价值1 500美元的股票，要花1 000英镑。好消息是，股价上涨了 10%，现在你持有公司 1 650 美元的股票，你决定退出。

现在你要把你的美元带回英国并兑换成英镑。遗憾的是，汇率已经发生了变化，现在 1 英镑兑 1.65 美元。你的 1 650 美元等于 1 000 英镑，这跟你最初的投资一样多！你所有的利润都被汇率的变动抵销了。

普通投资者对此风险无能为力。但好消息是，随着时间推移，这些汇率波动会逐渐收窄；有时它们会对你有利，有时会对你不利，但从长远来看，它们应该不会产生重大影响。

3. 组合资产

现在我们已经了解了不同的资产类别和地理位置，我们需要把这些东西放在一起。

投资专家将来自世界各地的不同资产混合在一起的过程称为资产配置。但是我们不需要担心技术术语。其理念只是试图找到一种资产组合，在可接受的波动或风险水平内，达到给定的回报水平。

风险部分是通过将表现不同的资产混合在一起来管理的。这产生了一种平滑的效果，所以你的投资回报更容易预测。接下来是一个例子。

假设你同时持有一家冰激凌公司和一家雨伞公司的股份。在一个非常炎热、干燥的夏天，这家冰激凌公司会经营得很好，股价也会上涨。但在冬季和春季，雨伞公司可能会做得更好，其股价也会上涨。

如果你只是持有冰激凌公司的股票，那么在潮湿、沉闷的夏天，你的投资将受到影响。如果你只持有雨伞公司的股票，那么在持续几个月的干旱时期，你的投资将受到影响。

而同时持有这两种股票，可以让你在全年有收益，不管天气如何。

在现实生活中，不同的资产总是出现一些重叠。这并不像一个资产类别上升，另一个资产类别下降那么简单；它比这更微妙。

风险容忍度较低的投资者通常持有较少的股票，而持有较多的债券。风险容忍度较高的投资者将在其投资组合中持有更多股票，并将更多资金配置到新兴市场和另类投资产品上。

在第 19 章中，我会提供给你一些可以去尝试的简单的配置建议，但当我说在一个投资组合中没有单一、正确的投资资产组合时，请你一定要相信我。

· 最重要的因素是什么

最后，诺贝尔经济学奖得主的研究表明，资产配置是决定任何投资组合结果的唯一最重要因素。不同研究的结论差异很大，但有一点是一致的。

待在市场中是投资成功的关键。没有人靠坐在场外思考何时或如何投资而致富。只要开始行动就会好得多。是的，你可能选错了时机，在市场低迷之前买进。但如果你持续投资 20 年，谁会在意最初的 6 个月呢？你有足够的时间在未来赚更多钱。

我想让你在作为投资者迈出第一步的时候就能明白资产配置的好处，但更重要的是，我想让你明白，随着时间的推移，能帮助你们积累财富的是市场。如果你跟我持有不同的资产配置，那我们的投资表现也会不同，这没有关系。唯一重要的是你正在朝着你的目标前进。

你需要做的

决定你的兴趣水平

除继续阅读本书以外，我现在只建议你做一件事，那就是决定你想花多少时间来学习和管理你的投资。

大多数人不想花太多的时间——他们宁愿和孩子们出去玩、读书、打高尔夫球，诸如此类。而对另一些人来说，投资是一种爱好，他们每天都对股票市场的动态抱有极大的兴趣。

我有一个客户，他的投资组合中有 150 多只基金。每次他来的时候，都会给我一份格式优美的电子表格，展示每一只基金的表现。而其他客户甚至从本次年度会议直至下一次年度会议期间，都不会去查看一下自己的投资组合。

那么，你呢？你认为一旦把事情安排好了，你还会花很多时间在这上面吗？在第 19 章中，不管是对于喜欢彻底放手的人，还是对于那些喜欢亲力亲为的人，我都提出了一些自己的建议。

可能会使你开心的是，接下来的 3 章会比前面的两章要短，我们会迅速地来了解接下来 3 个层次的投资过程：基金、资产包与平台。

第15章　基金

到目前为止，你可能在想，你想要投资股票和债券，或许有一天还会投资房地产。但如果你这样做了，你很快就会遇到一个问题——到底该如何购买股票？有没有那么一家商店，允许你可以带着沃达丰的股票或一根金条进进出出？

人们可以从股票经纪人那里购买个人股票和债券，也可以直接从发行这些股票和债券的公司购买。你甚至可以从皇家铸币厂或金条公司购买金条——只要你确保自己安装了保险箱，并升级了室内财产保险。

但如今许多投资者并没有直接持有股票和债券，而是选择通过一只基金持有它们。

你需要知道的

1. 基金如何运作

假设你住在市区，在大部分时间里，公共交通完全能够满足你的需求。你发现自己偶尔会认为有必要拥有一辆汽车，但这并不足以证明拥有一辆汽车的年度成本是合理的。当你跟一些朋友聊天时，他们也有同样的感觉，所以你们每个人都投了一些钱，决定共同购买一辆车。你们将共同承担汽车的保险和维修费用，每人为自己的汽油使用付费。这样一来，你们就汇集了各自的资源，买了一辆车，并将从中受益。你们可能会购买一辆比你自己能买到的车更好的车，因为你的朋友也会为此出资。

基金为想要购买股票、债券或其他资产的投资者提供了类似的好处。如果你自己投资，你可能会买一些不同的股票，但它们在帮助你保持良好投资组合的过程中会渐渐变成一种负担。但如果你的朋友也参与进来，你们就有了一笔更大的资金可以投资。因此，与只能凭借一己之力时相比，你现在可以买到更多股票。

扩大规模，使这只基金拥有成千上万的共同所有者。想象一下基金的规模！用 10 亿英镑的基金能买到多少股？

你不是直接拥有股票，而是在这只基金中拥有一定的单位或股份，而基金本身拥有股票。你在这只基金中持有股份的价格由基础投资的价格决定。通常情况下，基金所持股票的价格每天设定一次。

以这种方式将你的资源与其他投资者的集中在一起，会为你带来以下好处。

· 规模经济

当你自己买卖股票时，你经常要向股票经纪人或在线交易系统支付交易费用。拥有数千万或数亿英镑投资资金的基金，可以从经纪商那里争取到更低的费用，甚至可以建立自己的交易系统，完全避免向经纪商支付费用。

当然，基金必须要进行管理，这是有偿的。基金管理费被用于支付基金经理及其团队、销售团队、办公室的供暖和照明，以及制作小册子或华丽的网站以吸引潜在投资者。有些基金很贵，有些很便宜。

一旦考虑到节约和成本的净效应，真的存在规模经济吗？答案是肯定的，因为基金允许你买的股票比你个人能买的多得多。这就降低了风险，因为你可以把钱分散得比你自己能做的更多。

· 减少文书工作

持有个股的人很快就会明白，即使是在数字时代，他们仍然有大量文书工作需要处理。你会从一家公司拿到长达数百页的说明书。你将收到关于公司业绩的年度报告和重新任命董事会及公司会计的投票表格。如果你有超过 6 份这样的文件，你的信箱就会像发生了雪崩一样。

相反，如果你持有一只基金，所有的持股文件都由基金经理为你处理。

· 减少税收

如果你直接持有股票，那么每次买卖股票都可能要缴纳资本利得税。这种潜在的税务负担可能会影响你的决策，给你的投资计划增加额外影响因素。

如果你持有一只基金，由基金经理决定买卖哪些股票，那么你个人就没有纳税义务。只有当你为了盈利而卖出基金时，你才需要交税。

这不适用于你在养老金或个人储蓄账户中持有股票或基金，我们将在下一章看到。

2. 基金类型

英国最常见的基金类型是**开放式投资公司**（Open-Ended Investment Company，OEIC）。

名字中开放式部分意味着如果更多的人想要投资，基金可以为这些人在基金中创造更多的份额。当有人想卖掉他们的投资时，他们在基金中的股份就被销毁了，所以基金中的股份数量一直在变化。

这使得此结构非常具有流动性。你通常可以在任何一个工作日卖掉一只基金，几天后就能收到收益。

单位信托（Unit Trusts）的运作方式与开放式投资公司类似，但有一个关键区别，那就是所谓的买卖价差。这意味着你购买基金单位的价格和你出售基金单位的价格之间存在差异。可以将其看作购买基金单位的初始成本。在透明度不断提高、价格压力不断加大的今天，大多数投资者都很好地避开了单位信托。

投资信托（Investment Trusts）则不同。它们是在证券市场上交易的封闭式公司。这意味着基金份额有限，如果你想购买投资信托的份额，你就必须找到愿意出售的人。当你想卖的时候，你必须找到买家。与开放式投资公司相比，这降低了投资信托的流动性。

投资信托还有其他一些不同之处。首先，投资信托可以借钱投资。这被称为**杠杆**，顾名思义，它增加了基金的风险，因为借来的钱必须偿还。如果用借来的钱购买的基础投资表现不及预期，那么该基金可能会陷入困境。

最后，投资信托的价格受市场情绪的影响，而不只是受其基础投资价值的影响。假设该基金现有 100 万份，该基金购买的所有基础投资的价值为 1 000 万英镑。那么，每份基金的价值为 10 英镑。但如果市场不看好这家投资信托公司的前景，那么该基金的价格可能会是每份 9.5 英镑。这叫作折价交易。如果市场对该基金持乐观态度，其价格为每份 11 英镑，这就叫作溢价交易。

交易型开放式指数基金（ETFs）是成本非常低的基金，通常用于跟踪特定的股票市场。它们是一种介于投资信托和普通股之间的混合体。ETFs 仍然是持有基础投资的基金，但它们的目标是跟踪给定的资产价格，如黄金，或指数如富时 100 指数等，而不是持有由基金经理选择的资产。

你需要关注 ETFs。它们主要分为两种类型。实物 ETFs 实际上是持有相关股票的，就像开放式投资公司或投资信托一样。而合成 ETFs 的目标是利用复杂的金融工程产品跟踪市场，你可能需要经济学博士学位才能理解这些产品。一般来说，普通投资者应该避免合成 ETFs。

3. 被动投资与主动投资

这是一个能够引发金融专业人士积极抒发己见的课题。如果你在一个婚礼上发现自己坐在了一位理财顾问旁边，不要问他们对被动投资和主动投资的看法，否则你就永远都走不开了！

两者的区别很简单。假设你认为现在投资富时 100 指数中的公司是个好主意，并决定这样去做。这些公司是在英国注册的最大的 100 家公司，包括沃达丰、巴克莱和英国石油等知名公司。

一个主动投资者会看一下这 100 家公司，然后决定要在什么时间买入、持有和卖出哪一家公司，目的是通过主动积极的选择来创造更好的投资业绩。这种优越的投资表现通常被定义为试图超过某一既定市场指数或基准（如富时 100 指数）。

一个被动投资者则只会选择购买所有 100 家公司的股票。其目的是能够达到富时 100 指数成分股公司的整体业绩。

主动投资需要对自己投资的公司的运作方式进行研究和洞察。这需要技巧、经验和运气。一个主动管理的基金会拥有一个薪酬丰厚的基金经理，其背后有一支分析师队伍做支持。这些成本必须由基金投资者承担。

被动投资只是要求基金经理每天将基金的投资与市场整体匹配起来。这在很大程度上可以通过计算机算法来实现，不仅能去除掉过程中的很多成本，还可以使这种形式的投资对投资者来说更便宜。被动管理型基金通常被称为指数基金或跟踪基金。

主动投资者试图跑赢市场，而被动投资者的目标是跟踪或匹配市场。

· 哪个是最好的

两者都有优点。投资于主动管理型基金会给你的投资带来额外风险——你可能会选错经理人。学术研究表明，在过去 3 年中，只有 1/4 的经理人的业绩始终高于基准水平。从更长时期来看，只有 1% 的经理人表现出色。这意味着你很有可能会选到一个在任何时候都表现不佳的经理人。

选择被动投资可以消除选择错误经理人的风险。如果我们相信，随着时间的推移，是市场让你赚钱，那我们为什么不跟踪市场，而非要试图打败它呢？

我坚信，大多数普通投资者最好的选择是被动投资策略。它会降低你的成本，减少你需要做的研究。

你需要做的

重温此章

如果你现在被这些信息搞糊涂了，别担心。你随时可以把这些事情再回顾一遍，慢慢消化。

但我希望你能理解所有这些术语，这样你就能从知识的角度进行投资。这样做能给你带来最好的机会，让你做出对自己有好处的决定。

除此之外，在这一点上没有可实操的步骤可以采取，所以让我们继续。

第 16 章　资产包

让我们回顾一下。你通过购买基金来投资资产，以获得规模经济，增加流动性等。

资产包是下一个级别。把它们想象成盒子，你把你的投资放入其中，以获得各种各样的好处。将一种资产包与另一种资产包区别开来的关键是税收处理和访问权限。

你需要知道的

1. 主要资产包类型[①]

与许多个人理财产品一样，资产包的类型比大多数人实际会使用到的要多得多，但是你需要知道的是自己可能会遇到的

① 此处为英国的有关情况。——编者注

主要资产包类型。其内容如下：

- 通用投资账户——这是账户的基本形式。它们没有特殊的税收优惠或准入限制。当你的资金额已经超过了可以放入其他资产包的数额时，你只能使用这种资产包。
- 个人储蓄账户（Individual Savings Account，ISA）——这类账户完全不征收所得税和资本利得税[①]（别担心，我们将在第 18 章讨论税的问题）。个人储蓄账户非常有用，它将成为你财富积累过程中的支柱。
- 养老金——如果个人理财中有一个话题既让人困惑又让人情绪激动，那就是养老金。简而言之（我们稍后会深入讨论），养老金是一个在你退休前存钱的地方。你可以从政府获得投资养老金的税收优惠，但当你最终取出钱的时候，你还是要交税的。养老金可以是个人的，也可以是职业的，即由雇主提供。
- 投资性债券（Investment Bond）——从技术上讲，这其实是人寿保险合同，但它们确实也属于投资。虽然它们近年来已经失宠，但仍存在一些好处，尤其是在信托中使用时。对高税率纳税人来说，它们也具备一定的税收优势。
- 风险投资信托（Venture Capital Trust，VCT）——这些是

① 英国现行的一种税收优惠制度。——编者注

你对小公司进行投资的资产包。作为对你帮助提振英国经济支柱的回报，政府提供了非常有利的税收优惠。缺点是，风险投资信托的投资有风险，资金封闭期限为5年。

· 企业投资计划（Enterprise Investment Schemes, EIS）——类似于风险投资信托，但在限制和税收优惠方面略有不同。企业投资计划最低期限为3年。它们被设计用于投资特定资产，这些资产的流动性和波动性可能低于普通股。

关于以上所有这些，大多数人只需要使用养老金和个人储蓄账户，所以我想在此重点关注这两个。记住，这本书并不是面面俱到的。如果你认为自己的情况可能需要投资于其他资产包类型，我强烈建议你寻求专业理财顾问的建议。在本书的最后，我将告诉你该如何寻找一位理财顾问。

2. 关于个人储蓄账户

个人储蓄账户是最简单、最容易访问、最容易理解的资产包。当你考虑资产包时，你需要从3个不同的角度了解税收情况：

（1）进——当你存钱的时候。

（2）中——当钱在资产包内的时候。

（3）出——当你取出钱的时候。

个人储蓄账户非常简单：

- 进——将钱存入个人储蓄账户中并没有特别的税收优惠，唯一的例外是终生储蓄账户。你投入的钱很可能在你赚钱的时候就已经交税了。个人储蓄账户有一个年度存款限额，截至2018年，这个限额是每年2万英镑。你不需要一下子存入这么多钱，你只要在一个纳税年度内能存够这个额度就可以。
- 中——尽管个人储蓄账户中的资金在增长，但它完全不需要缴纳所得税和资本利得税——这是一个有用的好处。
- 出——无论你什么时候从个人储蓄账户中取款，都不需要缴税。

如你所见，它拥有一些非常关键的好处。每年有2万英镑可以存储起来，而大多数普通人一年的储蓄都不会超过这个数字。这就是为什么个人储蓄账户是英国最常用的储蓄和投资账户。

尽管个人储蓄账户在原理上很简单，但目前存在5种主要类型：

（1）现金个人储蓄账户——免税的银行账户，这是一个用来存储应急基金的很好的选择。

（2）证券个人储蓄账户——在这里你可以投资股票、债券，以及相当多的其他资产类别。

（3）创新金融个人储蓄账户——个人储蓄账户家族在 2016 年推出的一个子品牌，允许投资于点对点（P2P）贷款投资，这是一个利基市场，但也是一种仍在发展的投资方式。

（4）儿童个人储蓄账户——针对儿童的免税储蓄账户，可持有现金、股票和基金等。这些钱会在孩子满 16 岁时归属于他们，但他们要到 18 岁时才能将钱取出来。在 2018/2019 纳税年度，儿童个人储蓄账户的最高限额为 4 260 英镑。

（5）终身个人储蓄账户——一个享受额外津贴的特殊个人储蓄账户。如果你的年龄在 18 岁到 40 岁之间，你每年最多可投资 4 000 英镑，政府将为你增加 25% 的奖金，最高 1 000 英镑。是的，这是政府的免费资金，但它有一个警告。你可以在购买你的第一套房子时或者 60 岁以后取钱而不必承受任何惩罚。但如果你因为其他原因取钱，你必须将政府的奖金偿还回去。每年 4 000 英镑的终身个人储蓄账户额度占你全部个人储蓄账户额度的一部分，剩下的 16 000 英镑用于投资其他的个人储蓄账户。一个与此类似的名为“帮助购买个人储蓄账户”的计划于 2019 年结束，其吸引力不及终身个人储蓄账户。

3. 关于养老金

正如我之前所说，养老金经常被误解，但它们不该如此。你只需要把思路转换到这几个基本原则上来。

· 货币购买养老金和最终薪金养老金

货币购买养老金（更确切地说是固定缴纳养老金 / 年金）是一种让你能在工作生涯中积累到一大笔钱的计划。有了这些计划，你会知道你将投入什么到养老金中，但你不知道自己将从中得到什么。

货币购买养老金本质上是储蓄和投资计划，所以大多数人用它来持有基金，就像个人储蓄账户一样。

另一种选择是最终薪金方案，更确切地说是固定收益养老金。在这里，投入什么并不重要，因为该计划提供了一个固定收益——一个对未来收入的承诺。你知道从退休的第一天起你会得到什么，因此，这些计划非常有价值，而且越来越罕见。如今，它们大多是公共部门雇主的专利，比如国家医疗服务体系或警察部门。

· 个人及职业养老金

正如“职业养老金”这个名称所提示的，许多雇主都会提供养老金计划，你可以参与其中。这些计划可以是固定缴款，也可以是固定收益。

个人计划是你自己设立的养老金计划，它们通常是固定缴款的。

我应该在这里暂停一下，提示一下大家养老金领域可能是个人财务规划中最复杂的领域。虽然现在的养老金对我们大多数人来说相当简单，但如果你有一个 20 世纪 90 年代中期以前的养老金计划，可能会存在各种各样奇怪的附加条款，有好有坏。

这意味着大多数 40 岁以下的读者可能不会面临更复杂和深奥的计划。如果你认为你可能会持有那样的养老金，你一定要寻求专业建议来获得最好收益。

· 自有投资个人养老金

还有一种个人养老金叫作自有投资个人养老金（Self-invested Personal Pension，SIPP）。它有能力持有更复杂的投资，比如商业地产，而这类投资不包括在其他类型的养老金中。SIPP 可能比普通养老金更贵，但只是在你想要使用这种额外功能的时候。

· 自动登记

目前（英国）法律规定，雇主必须为员工提供并支付养老金，并自动将员工纳入养老金计划。（一个例外是，一些薪资较低的员工不必参加该计划。）雇员可以选择不加入养老金计划，但 3 年后将自动重新登记加入。这是政府在试图让更多的人为退休而储蓄，初步显示，它正在发挥作用。

· 养老金的税务处理

以下是养老金的税收处理方式：

- 进——存入养老金的钱将获得税收减免的好处。这意味着政府为你增加了投入。当你向养老金存钱时，养老金公司会向英国税务海关总署（HMRC）申请追加款项。如果你是一个高税率的纳税人，你将通过纳税申报获得额外的退还税款。
- 中——尽管养老金的金额在增长，但它完全不需要缴纳所得税和资本利得税。
- 出——每当你从养老金计划中提取资金时，它就会被征税，就像它是一份工作的收入一样。它也可能会是一笔一次性支付的免税现金。但至少在 55 岁之前，你不能从个人养老金中取款。对于许多职业养老金计划来说，这个日期要更晚一些，通常是 60 岁或 65 岁。

· 年度限额和终身限额

由于政府的税收减免为支付养老金带来了实际的好处，所以你在一年中能够存入养老金的总金额是受到限制的，被称为年度限额。这个额度同样也会受到你的收入的限制。

你可以存入养老金的最高金额是你的年度限额或你“相关净收入”的 100%，以两者中较低者为准。如果你在前 3 年没有充分使用你的年度限额，你可以将未使用的额度结转，但即使你结转，你可以存入的总额仍然受限于你当年的收入。

如果你拥有的是最终薪金养老金，其运作方式是不同的。你每年会收到一份报表，显示你当年增加的福利是如何与年度限额相匹配的。如果你的供款超过年度限额，你就得交税。

政府还对你一生中可持有的养老金总数额设置了一个限制，称为终身限额。这意味着，如果你不缴纳税款，你的养老金总额就不可能超过这个数字。

只有当你在退休领取养老金时，或者在 75 岁之前不幸去世时，你的养老金的规模才会与终身限额相比较。近年来，终身限额发生了变化，所以我没有在这里引用数据。无论何时发生变化，英国税务海关总署都允许养老金持有者锁定更高的终身限额，但这也伴随着一些条件，比如无法再增加养老金。

不过我想在那个职位上的大多数人都不会来阅读一本关于个人理财基础知识的书，所以让我们继续吧！

对于我们大多数还没有退休的人来说，这就是你真正需要知道的关于养老金的一切。有太多的东西要讲，但对我们大多数人来说，真的没有必要挖掘得更深。

你需要做的

1. 加入企业年金（职业养老金）

在个人理财领域，这几乎是一件无须动脑筋就能搞定的事情。如果你的雇主提供养老金计划（根据自动登记规则，他们几乎肯定会提供），你应该加入。

在杰克逊财富管理公司，我们帮助一些企业客户来管理它们的养老金计划。当我们与新员工谈论加入该计划时，他们有些不情愿，这其实是可以理解的。许多人，尤其是那些第一次挣到合适工资的年轻人，会不情愿拿出其中的一小部分来加入养老金计划。但当我们告诉他们，他们的雇主通常做出与他们的付出匹配的贡献，政府也会以减税的形式为他们买单时，他们往往会改变态度。

这才是问题的关键——你为什么要拒绝免费的钱？是的，至少要到你 55 岁时才能拿到这笔免费的钱，但那太棒了！试想一下，在这段时间里，你的钱会增长多少？相信我，在与即将退休的客户打交道时，从来没有人对我说，他们希望自己在养老金上少存些钱。他们总是希望自己如果在之前存了更多就好了！

现在，如果你是在为自己工作，显然没有一个慷慨的老板会为你的养老金买单。但你仍然可以开设一个养老金账户，开始从政府获得税收减免。你应该尽快这么做。它不需要是一个选择性很多的复杂计划。一个简单的个人养老金，有时也被称为利益相关者养老金，就足矣。许多保险公司都提供这项服务，现在也有很多在线养老金提供商。开始储蓄比过分担心你选择什么样的养老金更重要。

你应该投多少钱？稍等片刻，我们来了解一下你要做的下一件事。

2. 决定你的总储蓄率

我坚信，在你摆脱坏账、建立某种应急基金之前，你不应该过于担心储蓄和投资。如果你试图同时做每件事，你就会有精力过度分散的危险。我知道你想开始你的投资，但是你需要耐心。当你准备好了，你可以全力以赴，认真对待它，因为你知道你是在为自己积累财富，而不是为别人。

本着先支付自己的精神，你应该决定你要存多少钱——就像我们在第一步中看到的那样——并在月初尽快把这些钱放入你的投资中（不管是养老金还是个人储蓄账户）。

还记得第 4 章的经验法则吗？试着把你的年龄减去 15 作为你的存款比例。因此，如果你 40 岁，那你的目标是把税后收入的 25% 存起来。

如果你拥有企业年金，你应该能够通过查看工资单来了解你为该计划支付了多少。不要考虑雇主为此做出的贡献，只考虑你自己的支付情况。把这部分从你的储蓄率中扣除，以确定你应该从你的净收入中节省多少。

举个例子，一个 40 岁的人想把每月 2 000 英镑净收入的 25% 存起来，也就是每月 500 英镑。她每月要为企业年金支付 150 英镑，这意味着她需要每月储蓄 350 英镑才能达到自己的储蓄率目标。

在这种情况下，她可以向雇主申请增加支付给养老金的金额，以及如果可以的话，雇主会为之匹配多少。在那之后的任何存款都应该在她每月领到工资后直接一次性存入其个人储蓄账户中。

3. 决定养老金和个人储蓄账户的分配

你应该在养老金中增加更多的钱，还是从个人储蓄账户开始？一如既往，答案在很大程度上取决于你的人生阶段。

如果你还年轻，没有组建家庭，或者你和爱人是一对没有孩子的夫妇，我宁愿你（们）向个人储蓄账户付费，而不支付养老金。当然，要加入你雇主提供的养老金，但在此之后的几年里，要坚持选择个人储蓄账户。

如果雇主没有向你提供养老金计划，那你应该考虑养老金，但我可能会建议你把全部储蓄预算的 1/4 支付给养老金，其余的存入个人储蓄账户。

这里的逻辑是，生活仍然有很多机会可以改变，把钱锁定起来直到 55 岁不如让钱保持可用状态更有意义。

是的，你确实会通过养老金赚到更多钱，因为当你把钱放进去的时候，税收减免了。政府和你的雇主可能会给你带来额外收入，也会随着时间的推移而增加。而投入个人储蓄账户，你就得靠自己了——没有人会为你存钱，终身个人储蓄账户除外。

随着年龄增长，你的个人储蓄账户组合开始增长良好，你可以开始将余额更多地转向养老金。对我来说，我已经结婚20年了，孩子们现在都快成年了，我在养老金上的投资比个人储蓄账户要多。我在个人储蓄账户有足够的可用资金，所以我很乐意把更多的定期储蓄锁定在养老金上。

要了解自己。如果你认为自己可能会被诱惑而过多地使用个人储蓄账户中的钱，那么你就把积蓄多放在养老金上，至少在55岁之前，你是拿不到这笔钱的。

每一个读到这本书的人和家庭都不尽相同。例如，如果你想送你的孩子上私立中学，你会尽可能多地投资于容易取出资金的资产包，比如个人储蓄账户。直到你的孩子毕业离开学校，你才会关注养老金。你将把储蓄优先放进个人储蓄账户，同时支付最低养老金，以获得雇主的匹配和税收减免。然后，你才会开始把更多储蓄存进养老金。

第 17 章　平台

最顶层的，就是平台。对于许多人来说，是否使用平台是完全随意的，但是使用平台也有一些好处，我将很快进行介绍。

20 年前，当我第一次涉足个人理财领域时，真的没有平台这种东西。那时候，有所谓的基金超市，在那里你可以在一个资产包内同时接触到很多不同的基金经理，但现在事情变得更令人兴奋了。

你需要知道的

1. 平台是投资的管理系统

现代平台是非常强大的系统。那些最好的平台提供了许多不同种类的税收资产包，从养老金和个人储蓄账户，到在岸和离岸投资债券，甚至定期存款账户等现金管理工具。

它们还提供了数百甚至数千种不同类型的基金，这些基金投资于世界各地。它们提供研究工具，帮助你做出投资决策，也提供详细的交易历史和税务规划工具。

我真的很喜欢平台的便利性。我选择的平台有一个很棒的iPhone（苹果手机）应用程序，可以用指纹登录，这样我就可以随时看到我所持股票的价值，甚至可以进行交易。如果我需要的话，还可以转移资金。

2. 平台的成本

对大多数投资者来说，平台确实像一站式的商店，最重要的是，它们在成本方面是透明的。当然，有的会贵一些，有的会提供更多功能。

大多数平台收取的费用都是你持有资金的一定比例，所以你投资越多，需要支付的费用也就越多。有些平台收取固定费用，这显然对大额账户更友好。

你花钱主要是为了方便，特别是当你持有一个较大的投资组合时，需要更多管理。在平台上操作可以节省很多时间和麻烦。我有一些客户拥有个人储蓄账户，还有多达 15 家不同的养老保险公司的养老金账户，因此，要想熟练掌控不同账户的操作是一件痛苦的事情。大多数人更喜欢一站式商店的便利，即便它确实需要付出代价。

3. 平台是完全可选的

也就是说，你可能并不关心平台。如果你有企业年金，那就差不多了。因此，你只需要选择在哪一家公司开设个人储蓄账户。在可预见的未来，这可能是你持有的唯一账户。如果仅仅是持有一个简单的账户，何必要为一个能够处理复杂投资组合的系统支付费用呢？

这在一定程度上取决于你想怎么去做基础投资。如果你想采取一种实际操作的方式，研究、选择基金，并在一生中四处转移资金，那么你肯定能够感受到平台的好处。相反，如果你只是想把钱存起来，选择一两只基金，让事情顺其自然，那么你可能不需要为平台付费。

你需要做的

1. 根据你的需求进行选择

选择平台的第一步是确定你可能需要什么类型的工具。

如果你刚刚开始每月往个人储蓄账户中投钱，那么你可能根本不需要一个平台。你可以选择一只你喜欢的基金，然后直接向基金供应商开放个人储蓄账户，这样就可以节省平台费用。

如果你认为你会喜欢探索不同的投资机会，那么你会需要一个能帮助你轻松转换投资的平台，并且不收取交易费用。

在这个选择过程中，投资组合的规模也将发挥重要作用。大多数拥有较大规模投资组合的人都希望通过在不同的基金管理公司投资不同的基金来分散风险。这可能会带来文件资料工作上的麻烦，因为你必须与几家公司打交道。一个平台可以解决这个问题，它仍然会让你接触到许多不同的基金经理，但它会将报告进行整合，这样你就能得到一份包含了所有投资基金的报表。

2. 做一些研究

正如今天的很多事情一样，现在有很多地方可能是你的钱的最佳去处。当你决定要利用哪些平台特性时，你可以查找这些特性并将一个平台与另一个平台进行比较。

向你的朋友和社交网络征求建议，并跟进这些建议。购买和阅读投资杂志，寻找对于不同平台的评论。从在谷歌上简单的搜索“投资平台研究”开始，然后跟进并了解那些链接里的内容。

据我所知，对于非理财顾问，研究平台市场的最佳场所是金融行业咨询公司 The Lang Cat[1] 的网站。到它们的网站上

---

① www.langcatfinancial.co.uk.

搜索出版物。每年它们都会制作一份独立的平台市场指南，名为“来吧，试一试”——他们就是这么古怪。最棒的是，它是免费的。

3. 开设账户

所有的平台提供商都把开设账户设置得非常简单。它们可能在最低投资金额和每月投资金额上存在轻微的差异，这可能会影响你的选择。但你只需要登录，开一个账户，然后你就可以从你的银行账户上把所有的存款直接转到你的（平台）账户上。

不要放太久。花大把的时间去研究和计划是很容易的，但是请记住惯性风险——这是危险所在。所有的平台都能让你轻松地把钱取出来，或者转移到另一个提供商，这取决于可访问性规则和资产包比如养老金本身可能的转让费。这并不一定是一个你要一直坚持下去的一次性决定。

4. 考虑合并

如果你已经有了一堆个人储蓄账户，或者一些被忽视的养老金计划，现在是时候考虑将它们整合到一个平台上了。

对合并的成本进行比较是非常值得的。如果你的养老金已经积累很久了，如果你把它们转移到另一个提供商比如一个平台上，你可能会失去一些福利。记得打电话给你现有的养老金提供者，问他们：“如果我把这个计划转移出去，我会失去什么重要的福利吗？”

根据我与客户打交道的经验，那些被忽视和遗忘的计划可能会真正拖累你的财富积累目标。有一个清晰的计划要好得多——有主动意识！把事情放在一起，这样你就能看到它们的发展并保持专注。

第 18 章　关于税收

在本书的最后，我会为大家介绍一些实际操作步骤，这些步骤能够为 95% 希望长期积累财富的人提供服务。但在那之前，我们需要谈谈税收。

税收是不可避免的。事实上，我们也不要设想逃避它。税收是政府向人民收取资金以支付所有人都在使用的服务的机制。道路、医院、国家养老金、监狱以及政府本身都是靠税的征收和分配来维持的。我的观点是，如果你要享受税收支持的社会，那么你就应该支付属于你的份额。

我们已经讨论过一些个人储蓄账户和养老金税收优惠。这完全是合法的税务筹划。政府知道，如果他们用税收优惠来刺激储蓄，国家的财政状况将因此变得更加健康。

本章简要介绍 3 种主要税种。[1]

---

① 此处主要为英国税收的相关规定，与我国存在一定的差异。——编者注

你需要知道的

1. 所得税和国民保险

所得税针对从各种来源获得的收入征收：

- 工资；
- 养老金；
- 佣金、奖金或其他工作福利；
- 物业租金；
- 在银行或公积金账户中储蓄所得的利息；
- 来自股票或基金的股息（不属于养老金及个人储蓄账户）。

每个人都有免税限额，允许其每年在此额度内的收入可以免税。

超过个人免税限额的收入要按不同的税率纳税，这取决于你挣多少钱。在英国，个人所得税有 3 种不同的税率，分别被称为基本税率、更高税率和附加税率，在 2018 年年初，它们分别为 20%、40% 和 45%。收入超过 10 万英镑的高收入者的个人免税额也会随着收入的增加而逐渐减少。

让事情稍微复杂一点的是，股息的税率与其他收入来源的税率不同。除了每个人都能得到的免税额，股息和利息还有自己的特殊个人免税额。

想象一面墙，墙上用粉笔标记着个人免税限额和基本、更高及附加所得税税率。

现在想象我们要把一些盒子靠墙堆放。第一个盒子代表你的工作收入，如果你超过了一定的年龄，那就代表你的养老金。如果这个盒子的高度超过了个人免税额的粉笔线，你就要交税。

在其上再放一个盒子，代表你从投资房产中获得的租金。再往上的盒子代表一些利息，还有一个盒子表示个人储蓄账户以外持有的股票股息。

当这些盒子堆叠起来，一个在另一个上面，我们可以看到它们在墙上的粉笔比例尺上出现了不同的点，如图 18.1 所示。

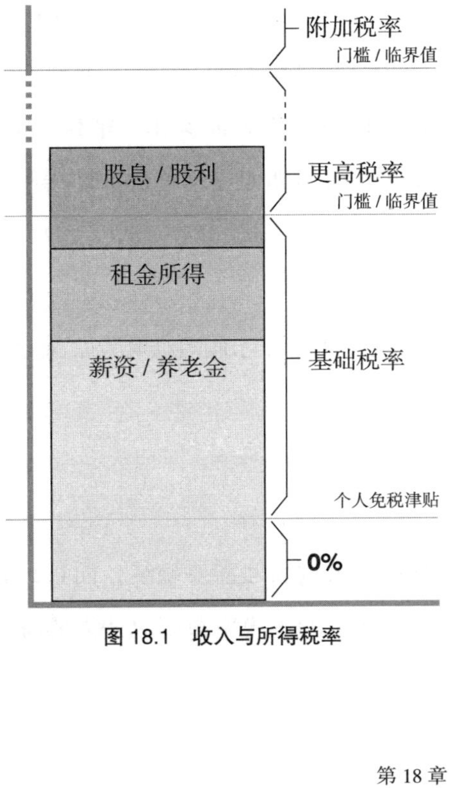

图 18.1　收入与所得税率

如果你的工资让你几乎进入了较高的税率区间，股息可能会让你陷入其中，部分按基本税率纳税，部分按更高税率纳税。把盒子叠起来的顺序很重要，这与我在前面列出收入来源时列出的要点的顺序是一致的。

最后，国民保险根本不是保险。这是一种对你的职业收入应缴的所得税。

2. 资本利得税

资本利得税要比所得税简单得多，你会很高兴知道这一点。

如果你为了盈利而出售资产，那么你可能要缴纳资本利得税。同样，每个人都可以获得每年的免税限额（4 月 6 日至次年 4 月 5 日）。如果你的收益超过了年度限额，那么超额收益部分就会被算到你的收入中，需要相应纳税。令人困惑的是，税率与所得税不同，而当你通过出售投资性房产（而不是出售股票）获利时，税率又会不同。当你出售你的主要房屋时，永远不需要缴纳资本利得税。

仅此而已。卖东西赚钱，扣除年度限额，剩下的交税——很简单。

3. 遗产税

遗产税只有在你去世后才需要缴纳，而且只有当你所拥有的东西的价值超过所谓的零税率范围时才需要缴纳。无论超过零税率范围的遗产价值是多少，都须按 40% 缴税，除非：

- 你把它留给你的配偶或民事伴侣。
- 你把钱留给慈善机构。

此外，如果你有一座房子，你打算在离世后把它留给你的直系子孙，那么还有一个额外的免税额度，称为住宅零税率带。

4. 就这些吗

当然不是。当谈到税收的时候，我们有很多问题可以深入探讨，但是前面的细节是你在开始财务规划的时候需要知道的。你可以从政府网站或“掌控金钱”网站获得更多细节，那里有视频和播客，会对此有更详细的解释。

你会注意到，我一直回避一些数据，比如所得税个人免税限额或资本利得税税率等。这是因为这些数据可能每年都在变化。与英格兰、威尔士和北爱尔兰相比，苏格兰也有不同之处。如果要将所有的差异都讲清楚，那将非常不利于阅读，并且在本书印刷出来的那一分钟，数据可能已经过时了。

我在文中提到的都是一些已经持续了很多年没有调整过的数据。但它们可能在未来改变——这是“野兽”的本性。

你需要做的

使用养老金和个人储蓄账户

大多数人应该使用养老金和个人储蓄账户的主要原因是每个使用这些资产包的人都可以享受税收优惠。

读这本书的绝大多数人将永远无法在一年内存下全部个人储蓄账户额度和全部养老金额度。因此，除了这些非常节省税收的工具，他们也并不需要看得更远了。

将钱存入个人储蓄账户和养老金是避免所得税和资本利得税的最好方法，而且很有可能，如果你正在着手建立你的财务未来，你此刻无须过多担心遗产税。

* * *

好的。我们已经讲了资产类别、基金、资产包和平台，以及税收基础。知道了这些，我们现在需要把所有这些都整合到最后一步，也是最重要的“你需要做的”部分。

我在下一章提出的建议几乎对所有读这本书的人都是足够的。我为那些不想干涉自己财富积累的人以及那些想要积极参与的人都提供了建议。

我们开始吧！

第 19 章　实际投资

为了给我们“三步走”的最后一步画上圆满的句号，这里给你一些明确的行动指南，帮你开启投资。

或许，你也可以在个人储蓄账户中应用到这些，但不能在你的企业年金中应用，因为企业年金提供给你的灵活性有限。把你在这一章中学到的东西，尽可能地运用到你所能运用的有限工具中去。

记住，在你拿到钱的时候，首先要支付自己，把钱从你的银行账户转到你的投资账户（很可能是个人储蓄账户）。

在此之后，我为两种人准备了两套行动方案：一种是轻松自在、放手管理的人，另一种是想积极参与到建设和维护投资中的人。

我们一个一个来看。

写给喜欢放手管理的人

你们真是太冷静了。你们是想把事情从一开始就设定好的人，并且很乐意每年回顾一次，但是在其余的时间里，你更乐意让你的财务状况顺其自然。

不管怎么看，我都完全属于这一类人。我每天都在管理别人的财务事宜，所以我不想把宝贵的个人时间花在纠结该买哪只基金，以及新兴市场明年的表现是否会好于发达国家这些事情上。我每个月检查一次养老金和个人储蓄账户的价值，只是为了更新我的数据记录，而且我每年会进行一次正式检查。我将在本章后面介绍这一检查所涉及的内容。

选择一只多资产混合型基金

还记得我们讨论过的关于资产配置、基金选择和定期评估的所有内容吗？听起来工作量很大，是吧？但如果这些都能完成呢？

好消息是，**多资产混合型基金**将把你的钱分散在不同种类的资产上，并在全球范围内以一种非常便捷的、现成的打包方式进行投资。

近年来，这类基金真的很受欢迎，很多基金经理都会提供这类基金。

这是我们要寻找的：

首先，你可以在 4 个投资板块找到这些基金。英国投资协会（Investment Association）已将英国可投资的全部基金划分为多个板块。某一特定板块的所有基金都将采用类似的方法，其思想是，通过将它们放在一起，你可以轻松地在类似的基金之间进行比较。在研究多资产混合型基金时，你要寻找的 4 个板块是：

（1）混合投资股票占比 0~35%。

（2）混合投资股票占比 20%~60%。

（3）混合投资股票占比 40%~85%。

（4）灵活投资。

你可能注意到的第一件事是这些板块之间存在一些重叠。将 50% 的资金投入股票的基金可以被列入占比 20%~60% 的板块，也可被列入占比 40%~85% 的板块。这是因为，各板块要对基金的股票敞口规定限度，如果一只基金想要留在该板块，就必须符合其股票敞口限制。

大多数基金的基金经理在任何时候都会根据对经济的看法调整股票敞口水平。如果他们担心股价下跌，他们可能会减少对股票的敞口。但一只处于股票占比 20%~60% 板块的基金，它对股票的敞口永远不得低于 20%，否则它将不得不转向另一个板块，这将要求基金经理通知该基金的所有持有者。

你所追逐的基金通常会有一些名称，要么与资产分割有关，要么与它们适合的风险类型有关。你可能会看到先锋生命 60% 股权基金（Vanguard LifeStrategy 60% fund），或 7IM 平衡基金（7IM Balanced fund）这样的基金。有时这些名字与基金的构成并没有明显的联系，比如法律和多重指标基金 3（Legal & General Multi-Index 3 fund）。

如果你确定了自己对风险的态度，你应该找到符合自己条件的基金：

- 如果你是一个谨慎型投资者，可以在混合投资股票占比 0~35% 的板块寻找基金。
- 如果你是一个平衡型或适度风险型投资者，那就在混合投资股票占比 20%~60% 的板块中寻找基金。
- 如果你是一个富有冒险精神的投资者，可以选择混合投资股票占比 40%~85% 的基金或灵活投资的基金。

一旦你确定了一只或多只合适的候选基金，请记得阅读关于它们的所有信息。

每只基金把你的钱分散到什么程度？一般来说，越广泛的投资意味着越低的风险。

它成立多久了？与同类基金相比，它的规模有多大？通常情况下，一只规模更大、历史更长的基金比一只没有可靠历史的新基金更值得押注。

比较竞争者的成本。查看基金的费率（OCF）。被动管理基金的年费率可能低于 0.75%，而主动管理基金的年费率最高可达 1.5%。在刚开始的时候，我会选择被动管理的基金。

当然，你可以看看每只基金的表现。在投资行业中，每一篇文献的底部都标注着一句相同的句子。它是这样的：

“过往表现不能指引未来。”

当然，这绝对是正确的。一只基金去年仅仅赚了 10% 并不意味着它将来的表现也会如此。从经理决策到市场动向，影响业绩的变量有上百万个。然而，该基金过去的表现相对于更广泛的世界所发生的情况，可以在一定程度上指示其未来可能的表现。

举个例子，如果市场最近表现强劲，而你预期选择的基金在那段时间表现不佳，那么你应该问问原因。是不是基金经理措手不及？资产配置是否在某种程度上“偏离”了轨迹，以至于基金经理没有把握住上涨机会？在考虑基金业绩表现时，针对一个重要的问题问一句“为什么”，总是没错的。

看看每只基金在较长时间内的表现。过去一个月该基金的表现如何根本无关紧要。你很可能要投资几十年，所以一个月的表现并没有那么重要。相反，要多看看 3 年、5 年甚至 10 年的表现，并寻找回报的一致性。

记住，不要把在未来三四年内要用到的钱拿来投资——那部分钱要存进银行里。投资是一个长期的游戏，所以当你选择基金时，你应该着眼于长期的表现。

将你未来想选择的基金与同一类的其他基金进行比较是很有用的。所有基金都有义务提供产品情况说明书，说明书通常都会显示该基金在不同时间的四分位数排名。将一个板块的基金划分为最顶尖的 25% 的基金、次之的 25% 的基金、排在第三档的 25% 的基金，以及最后 25% 的基金。一只排在最顶尖 25% 的基金在过去 3 年里的表现超过其 75% 的同行。

寻找那些排名在第二档 25% 及其以上的基金。以我的经验，这些基金往往更善于控制其业绩随时间而发生的波动。它们可以轻轻松松地高出平均水平，但并不过于追逐胜出，是一个可以随着时间推移而获取可预测的投资回报的好选择。

你可以在自己选择的平台上使用研究工具找到四分位数排名，或者你也可以使用 FE Trustnet 和晨星（Morningstar）等网站，这两家网站都是免费的，但也有功能更强大的付费版本。

对于放手管理的人来说，这就是你需要做的一切了。不管你是向养老金还是个人储蓄账户内存钱，或者两者都存，请寻找一只多资产组合基金，或者两只，开始定期投资于该基金。随着你的资金增长，你可能会决定加入第二或第三只基金，来让投资更加多样化，但不需要比这更复杂了。你现在可以直接跳到下文的“写给你们每一位”部分。

写给热爱参与投资的人

我们刚刚看到的多资产组合基金，是把沉重的投资重担交给别人的好办法。你只需要选择一只基金，并在你进行投资的过程中密切关注事态的发展。

但也许你是那种想要更深入地研究创建和维护投资组合的机制的人，你应该怎么做？

1. 确定你的资产配置

假设你已经确定了自己的风险容忍度。一旦确定了，你就需要将与之匹配的资产配置组合在一起。下面我提供了一些示例，可以作为你的起点（见图 19.1）。

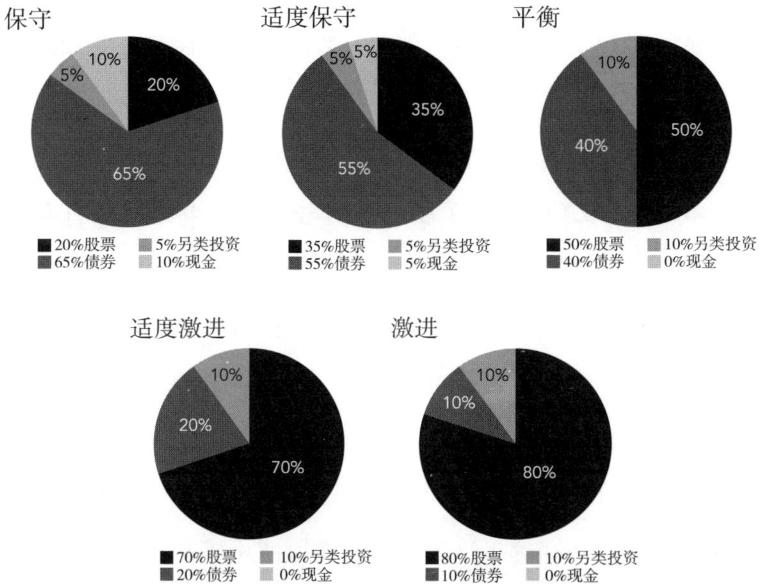

图 19.1　不同风险容忍度对应的资产配置比例

请记住，没有单一正确的资产配置，但我对上面的配置进行了检验，它们过去的表现与预期一致。我不知道未来会怎样。请记住，你要对自己在这方面所做的任何决定负责，这里的图表仅用于说明。

2. 选择追踪型基金或交易型开放式指数基金来充实你的资产配置

一旦你确定了你应该为每种不同的资产组合分配多少投资，你就需要选择一两只基金来填补你的这部分投资。

我建议你在开始的时候先使用追踪型基金，因为它们是最直接的被动投资方法，然后随着经验的增加，你可以转而选择在技术上更复杂的交易型开放式指数基金。

要找到类别合适的追踪型基金，你需要看看投资协会的分类。我在图 19.2 中展示了所有投资分类。你可以看到有两个主要的分类叫作收入和增长，它们中还包括一些子分类。

如果你是一个希望长期积累财富的投资者，并且希望填补你在英国的资产配置，你可以看看“英国所有的公司”或“规模更小的英国公司”分类。

首先，在你选择的平台上，或者在 FE Trustnet 或晨星上使用研究工具，筛选出这些分类。然后使用成本过滤器来删除所有年费率超过 0.5% 的基金。这将减少该分类下基金的数目，以便只剩下追踪型基金，或许也有少数例外。

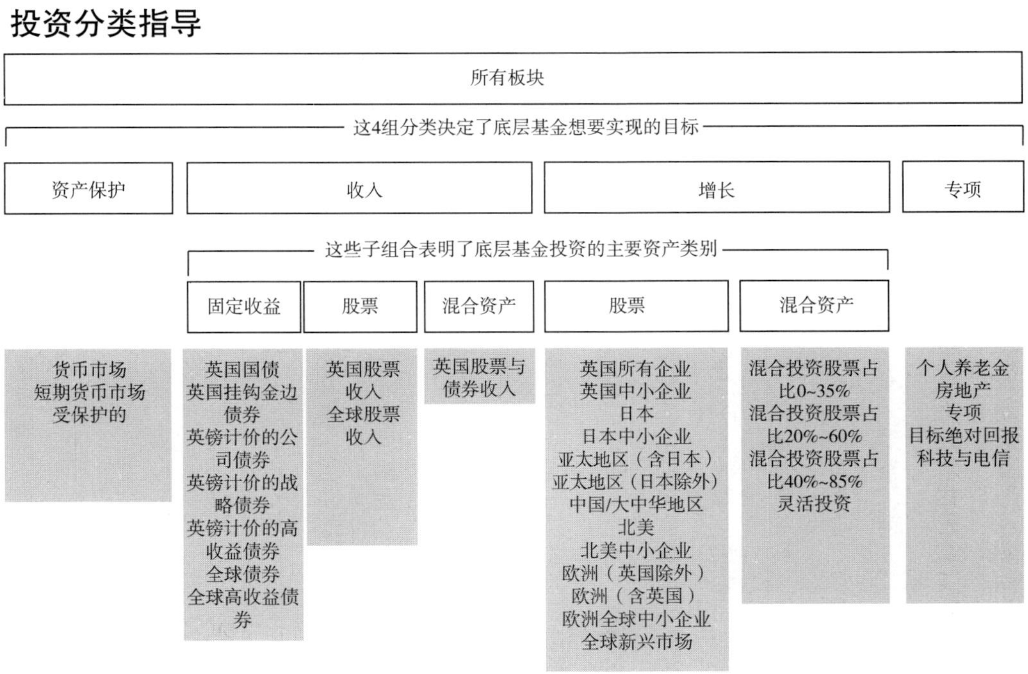

图 19.2　投资协会基金分类

确保你所关注的每一只基金都是一只追踪型基金，而不是一只主动管理基金。在基金名称中查找“追踪”或“指数”之类的词，并对描述进行检查。

找出几只可能的候选基金选项，仔细观察每一只，比较它们的业绩表现、收费和基金规模。

你还应该考虑**跟踪误差**。它是用来衡量基金追踪其目标市场的程度的数值。数字越小，跟踪越紧密，基金越有效。

不要为此花费太多时间甚至失眠。大多数追踪型基金不会有太多选择，所以如果你发现自己在一个圈子内来回绕，那从中选出一只就可以了。你可以按照自己的想法随时去检视它与其他同类的比较情况。现在，开始行动吧，待在场上才是最重要的。

针对你的资产配置的每一个部分都要重复这个过程，直到你有了几只可以投资的追踪型基金。对于投资组合中较大的部分，比如说超过 20% 的部分，你可能需要考虑使用两只基金；小的部分，一只基金就足够了。

写给你们每一位

1. 多样化使用核心和卫星投资

无论你是选择“为你处理好一切”的混合型基金，还是选择自己亲自去建立一个基金投资组合，你都可以通过使用“核心—卫星”投资法来让自己更进一步。

这种方法会将你的大部分资金投资于混合型基金，或者一组追踪型基金，像我前文中描述过的那种。但在这一投资组合的“核心”之外，还有一个较小的比例，即“卫星”，会以不同的方式进行投资。

这可以以几种不同的方法操作。你可以为你的投资组合选择一个被动管理的多元资产“核心”和一个主动管理的“卫星”。可能你的“核心”是你所选择的一组追踪型基金，而你的“卫星”由真正集中的投资组成，比如黄金基金。你甚至可以用更深奥的投资，比如点对点贷款，来为你的卫星业务做储备。

不要让“卫星”占到你全部投资组合的15%以上，10%应该好一点。如果你选择的卫星资产表现非常好，最终占到你全部投资组合的25%，那么就像美国人爱说的那样，“不要只喝自己酷爱的饮料”。你有可能很幸运，但你毕竟不是下一个巴菲特。卖掉你的一些卫星资产，买进核心部分，使比例恢复平衡。

2. 拥抱风险弹性原则

还记得我们在第13章讲过的时间尺度和风险吗？你可以用一种简单的方式把它应用到你的投资中的不同元素上。

假设你是一个35岁的平衡型投资者，希望为自己未来退休后积累财富。那么你所要看的时间尺度至少是20年，更有可能是 25~30 年。考虑到投资的时间长度，如果你觉得有能力的话，你可以考虑增加一点投资组合的风险。

我将此称为风险弹性，即将自己的风险容忍度作为起点，然后根据所涉及的时间尺度将其向上或向下进行弹性调整。请看图 19.3。

	<2 年	2~4 年	4~5 年	5~10 年	10+ 年
积累（积累财富）	无风险	无风险	风险概况 −1	风险概况	风险概况 +1

	<2 年	2~4 年	4~8 年	8+ 年	永远用不到的钱
负积累（花费）	无风险	风险概况 −1	风险概况	风险概况 +1	承担风险

图 19.3　风险弹性

作为一个投资超过 20 年的平衡型财富创造者，你可以考虑在平衡型风险的基础上增加一个风险等级来进行投资，我称之为适度激进。

当你在 10 年内达成目标时，你可以把投资组合的风险降低一个等级，恢复到平衡型。当你在 5 年内达到目标时，你可以进一步调整到适度保守型，直到你最终处于一个低风险的环境中。

一些养老金提供商会自动为你做这件事，他们称之为“生活方式”。通常我不喜欢这种方法，因为它是自动的。我更愿意在我每次回顾自己的投资组合时，有主动意识（还是这个词）地去考虑时间尺度、资产配置和风险状况。

你会注意到，我把不同的时间尺度放在了人生积累财富和享受财富的阶段。这是因为重要的是不要在退休时冒哪怕一点点的风险——你不会想要“人活着，钱没了”。

越来越多的研究表明，在退休后将投资的风险保持在比直觉所暗示的水平高一些更有意义。这是一个与有能力的理财规划师讨论的领域，他们可以帮助你理解活得太久或投资太谨慎的影响。正如我之前提到的，这本书没有详细介绍那些即将退休的人的考虑；如果你处于这一阶段，那么你应该从其他地方寻找信息。

3. 定期检视

我建议你每年正式检视一下事情的进展状况。如果你愿意，你可以每 6 个月检视一次，但没有必要比这更频繁。

你要通过衡量什么来确定自己是否还在正轨上？

在最初的 3 年里，我会从整体上跟踪自己的投资组合的表现，而不是过于担心其组成部分。如果你是新手，你要花时间尽可能多地阅读和学习世界上正在发生的事情，观察市场和你的投资组合对这些事件的反应。

从第四年开始，你应该考虑 3 个要点。

首先，重新评估你的时间尺度。在你的投资时间轴上，你是否已经到了需要将风险状况降低一个等级的时候了？如果是这样，做出改变，并根据新的配置比例重新平衡你的投资组合。

其次，确保将资产组合重新平衡到初始配置比例。这是违反直觉的，因为它涉及卖掉表现好的东西和购买表现不太好的东西。但你必须这么做，否则你的投资组合就有失去平衡的风险，甚至可能会陷入你意想不到的风险级别。

最后，在重新平衡投资组合之后，你还可以检查一下组合各部分的业绩表现。对于每一项，要考虑以下衡量因素在 3 年期内的表现：

- 3 年业绩——应至少位列第二档 25% 的基金内，这意味着该基金应高于行业平均水平。
- 3 年波动性——应低于该行业的平均水平。这是衡量基金为实现其目标所承担风险的一项指标。
- 3 年夏普比率（另一项衡量指标，用以比较每只基金所承担的风险和所取得的回报）——应高于所在行业的平均水平。
- 对于投资组合中积极管理的部分，3 年的阿尔法值（衡量基金经理提供了多少增值）应高于其所在行业的平均水平。

上述各项衡量指标均与基金投资协会板块分类有关。这是由类似结构的基金组成的，你可以通过它们查看自己的基金与其同类基金的对比状况。如果你选择的基金业绩一直高于（或波动性一直低于）所在行业的平均水平，你就可以相信，作为你投资组合的一部分，它正在发挥着自己的作用。

通过对 3 年时间的衡量，你可以评估一只基金在一段时间内的一致性，而不是它无关紧要的短期表现。

找到这些信息最简单的方法是在免费的 FE Trustnet 网站 www.trustnet.co.uk 上按照板块搜索。这将显示给定板块的所有基金。为了简化操作，你可能需要应用一些过滤器来减少表中的基金数量，例如，只显示至少 3 个“王冠”的基金，或者将 FE 风险评分降低到可选范围的一半。

然后，你可以设置一个显示上述 4 个度量指标的自定义表，虽然各板块的平均值不会显示在表中，但是你可以按顺序对列进行排序，然后从那里计算平均值。

重复上述步骤

读到这篇文章的绝大多数人会选择投资混合基金的方式，或许在他们习惯了实际投资后，还会附加一些卫星资产。

投资确实是一个简单的过程，你只需要让投资具有符合你自己意愿程度的复杂性和参与性。

通过一两只现成的基金，或者你选择的几只基金构成组合，分散你的资金。每年对资产配置和基础基金进行一次检视，以确保一切都在正轨上。

坚持

开始财富积累的工作是令人兴奋的。但生活本质上是一场苦旅，而投资的长期性意味着，你很容易忽略自己当初做这些事情的原因。

以下是你在生活中应该牢记的一些事情。这些都是让你能保持在正轨上，重新点燃你开始时的激情的秘诀。

自动增长

储蓄水平自动增长的魔力怎么强调都不过分，它将对你所有努力的最终结果产生深远的影响。

假设一个 30 岁的人开始每月存 50 英镑到养老金中，每年的回报率为 6%。

如果她从来不增加自己 50 英镑的月供，那么到 60 岁时，她将拥有价值 50 281 英镑的基金。

如果她把自己月供金额每年增加 10 英镑，那么她在 60 岁时可以获得的基金将价值 154 284 英镑，是现在的 3 倍多。

如果她将自己的月供金额每年增加 10%，她在 60 岁时就会拥有 186 123 英镑的基金。

这就是小幅度、有规律增长的力量。这些增长每年似乎并不引人注目，但随着时间的推移，它们会产生很大的影响。

看到你的基金每年因为你投入的额外资金而增长得更多，你会对这段旅程感到兴奋。

定期检视

我们在上一章讨论了如何检视、评估你的投资组合，但是财务自由所需要的远远比好的投资要多得多。

每一年，你都应该对自己的目标、时间表和生活环境进行检视，以确保自己行进在正确的轨道上，一切正常。

你加薪了吗？如果是的话，你要提高储蓄率吗？你的情况是否发生了某些变化，导致你要重新考虑自己的人寿保险条款？你是否继承了一笔遗产，或者缴纳了比预期更多的税款？根据这些新情况，你要做出哪些改变？

每年，如果需要的话，也可以是间隔一定的时间进行一次检视，这是重新审视你的目标并再次为之兴奋的好方法。对自己的财务生活有意识并积极主动，会让你觉得一切尽在掌握之中，这意味着你不必在两次评估之间思虑太多。

让你的伴侣站在你这边

就像如果合作伙伴双方站在统一战线时更容易进行预算一样，如果伴侣双方都朝着同一个方向前进，就更容易朝着目标努力并为此坚持不懈。

这并不意味着双方都必须平等地参与家庭财务的各个层面。我们都有自己的优势，很可能一个人比另一个人更适合于日常管理。但是，当涉及大局、规划、梦想和战略时，最好是双方都参与其中。

约个时间坐下来好好谈谈。你们在退休后想要的东西是一样的吗？你们的时间尺度一样吗？是否有一方已经受够了自己的工作，想要换工作？这对你们的财务规划有什么影响？

温和对待积极性不高的财务伙伴；不要强行要求他 / 她参与太多以至于超过他 / 她自己想做的。如果他 / 她相信你能处理好一切，那就太好了。永远不要让你的伴侣觉得他 / 她在妨碍你。相反，试着让他 / 她站在你这边，告诉他 / 她你对家庭未来的财务状况有多兴奋，因为你们正在朝着目标努力。

注意你的行为偏见

尽管我一直试图教你投资是如何运作的，以及为什么你应该让市场随着时间的推移自行积累财富，但你仍然是一个正常人。

这意味着你会对金钱产生情感上的反应，而在完美的世界里，你真的不应该这么做。

在2008年金融危机期间，我曾看到报纸头条。他们尖叫着“世界末日”，并用巨大的字母写着“崩溃”，还展示了锯齿状的红色箭头指向并砸向地面。当你知道你的养老金投资于股票市场时，你很难不为此感到担心。

当你变得更富有经验，你可能会更容易摆脱负面消息，但你永远也只是人类而已。看到自己的投资组合连续两三年贬值，任何人都难以接受。

如何让自己更容易坚持自己的计划，即便其他人似乎都非常恐慌？以下观点可以参考：

- 不要过于频繁地检查你的投资组合价值——这是在鼓励短期思考，而当你投资时，你应该坚持长期思考。
- 牢记目标——如果你正朝着20年后的目标努力，请记住，当前的困难很可能只是前进道路上的一个小插曲。
- 把精力花在投资纪律上——重新平衡、评估你的时间尺度和资产配置，提高你的储蓄率——这些都能很好地利用你的精力，让你更少担心短期市场事件。
- 记住，你永远无法预测市场——你可能会觉得你能通过做一些事情，比如调整基金选择、出售所有的投资或把钱都安全地存在银行里，来积极主动地改变自己的投资组合价值。事实是，你最好不要管这些事情。你永远不可能完美地把握最佳时机，所以何必为此困扰?

坚持到底并不容易，但请记住，没有人会为你做到这一点。一遍又一遍地重复一些简单的原则可以确保你在良好的财务状况下达成目标，但是你必须遵循这些原则。将能自动化的自动化，有意识地处理剩下的事情，经常回顾、评估。重复上述步骤。

何时以及如何寻求理财顾问帮助

我建立“掌控金钱”网站的初衷是希望更多的人能够在没有理财顾问帮助的情况下也可以掌控个人财务。用尽可能少的术语为你提供你所需要的信息，我希望你能够进行正确的设置，并在余生中坚持下去。

我仍然相信，大多数普通人在开始的时候并不需要理财建议。虽然每个人都能从与一位称职的理财顾问共度的美好时光中获益，但并不是每个人都愿意向陌生人公布自己的财务状况，也不是每个人都有能力支付理财顾问服务的费用，尤其是在刚参加工作的时候。

如果积累财富真的需要 3 个步骤——花的比赚的少、预防灾难、智慧投资（聪明地利用养老金、个人储蓄账户和多元化投资组合进行投资），那么任何人都可以做到这一点。是的，你能做到。我收到过无数封来自听众的电子邮件，他们摆脱了债务，在没有理财顾问帮助的情况下开始自己积累财富。

但在你的财务生活中，可能会有那么几次，你被要考虑的事情和要采取的行动压得喘不过气来。

有些时候，寻求专业建议确实是有意义的：

- 在什么时候开始考虑退休的前景，以及想要计划如何以及何时从你不同的养老金和其他资产中获得利益，这是每个人在财务生活中都应该去面见理财顾问的关键节点。
- 如果你从遗产或彩票中意外得到一笔钱，生活在一夜之间发生了本质变化。
- 如果你的伴侣去世了，你需要一些支持和帮助，因为你必须承担由损失带来的财务影响。
- 如果你在最后需要担当他人的受托人、执行人或授权委托人。在这种情况下，你是在处理别人的钱，让专业人士介入可以保护你。
- 如果你多年来一直有着复杂的退休金安排，特别是最终薪金养老金。

如何找到一个好的顾问

1. 请朋友推荐

寻找顾问最简单的方法就是咨询一下你的朋友和家人，他们是否与他们信任的顾问打过交道。这只是一个开始，但不应该成为你选择顾问的唯一标准。

脸书有一个推荐功能，可以帮助你把网撒得更广。

2. 使用搜索网站

有些网站致力于帮助大众寻找他们邮编所在地周围的顾问。例如，Unbiased，VouchedFor 和 Advisebook 是 3 个主要网站，当然也有一些其他的。如果你搜索“在你的城市找到一位理财顾问”，一个或多个这样的顾问搜索网站就会出现。

3. 访问公司网站

接下来，看看任何你正在考虑与之交谈的顾问的公司网站。很多网站都非常普通，所以如果你能找到一个与众不同的网站，那通常是件好事。

仔细阅读每个字。他们应该多谈论你而不是他们自己。他们应该谈论帮助你计划和实现你的目标，而不是谈论养老金和个人储蓄账户等产品。观看网站上的所有视频，了解相关人员以及顾问将带你经历的过程。

有什么表彰或推荐吗？如果有，请对他们有所保留，除非上面有相关人员的真实姓名。

4. 检查金融行为监管局注册

你必须确保与你交谈的任何顾问都受到（英国）金融行为监管局（Financial Conduct Authority，FCA）的监管，并在FCA注册表上。在他们的网站上查找顾问的公司编号（Firm Reference Number，FRN），然后登录网站 register.fca.org.uk，输入该编号并查看该公司的情况。

在那里，你可以点击查看为该公司工作的个人顾问，看看他们过去是否受到监管机构的处罚。

5. 寻找特许或认证身份

在英国，理财顾问的最低标准是财务规划文凭。你可以通过寻找一个特许理财规划师或国际金融理财师来把你的目标定得比最低标准更高，后者可以缩写为 CFP。

这些听起来很相似，但条件却截然不同。特许理财规划师必须通过一系列高水平的考试才能获得资格，但对如何将其知识应用于客户实际情况的评估是有限的。

另一方面，国际金融理财师不仅拥有顶尖的知识，还被广泛评估其将这些知识应用于实际情况的能力。

如果你能找到一位同时具备这两种资质的顾问，那就更好了。

不过，要知道，高水平的资历并不意味着就一定是优秀的顾问。不幸的是，仍然有太多高素质的骗子。

6. 与一位或多位潜在顾问会面

几乎所有的顾问都会和你免费见面，了解你以及你的情况，看看他们是否能为你提供帮助。这是一场“求爱”——你喜欢他们吗？他们喜欢你吗？你们彼此信任吗？

理财规划师和客户之间的关系是非常深厚的，你必须向一个陌生人袒露你的财务灵魂，所以你需要和他们好好相处。相信你的直觉。你对顾问的第一直觉可能是正确的。

不要急于与你认识的第一个顾问签约。如果他们做得好，他们会给你足够的时间来做决定。

问问那些潜在的顾问，他们是如何获得报酬的。所有负责养老金和投资的顾问现在都是收费的，因为佣金早在 2013 年就被取消了。

要警惕那些只有在你同意通过他们签约产品时才会得到报酬的顾问。无论你是否采纳建议，最好的顾问都会向你收取费用——这是更公平的做法，因为这样一来，你就知道他们的建议并不是为了让顾问得到报酬而把你引向一个产品。

如果你认为顾问收费太高，告诉他们，并要求他们解释为什么他们的费用会达到这个水平。如果你不相信这个过程对你有价值，那就离开。

7. 让你的顾问承诺一个服务标准

财务规划的过程可以分为3个阶段：

（1）规划——理财顾问会整理出你目前的财务状况，和你一起制订你的目标，然后制订一个计划来帮助你实现目标。

（2）实施——安排必要的产品来帮助你实现目标，或者安排遗嘱、信托基金和基金转换来让你走上正确的道路。

（3）检视——定期会议，顾问将讨论你的投资组合的表现，但更重要的是了解你和你的生活环境，看看是否需要对财务规划做出任何改变。

太多的理财顾问承诺定期评估你的情况，但最终却没有这么做。确保你的顾问有一个定期评估的流程，帮助你保持在正确的轨道上。

8. 让顾问承担责任

一旦你承诺在一段时间内与顾问合作，确保他们履行了当初做出的服务承诺。永远记住，你是在向你的顾问支付费用，如果你选择自己来做，那部分钱本该是在你的口袋里的。

顾问会以一些有形的方式和一些不那么有形的方式增加价值。如果他们重新平衡你的投资组合，通过转换基金和供应商来降低你所持资产的成本，那么很明显，他们通过降低成本增加了价值。

如果他们通过帮助你使用各种补贴，使你的投资组合在税收上更有效率，那也是一个明显而切实的好处。

但当你对市场感到担忧时，他们也可能是参谋，当你考虑退出时，他们可以帮助你保持住投资。当市场回归积极时，你可能无法说出顾问帮助你保持投资从而为你节省了多少钱，但这将是非常重要的。有一个值得信赖的顾问和你一起管理你的财务规划，你能得到的内心平静是难以量化的。

在内心深处，你会感知到自己与顾问的关系是否健康。如果没有，不要害怕自己一个人或者和其他人一起工作。你所选择的顾问必须为自己赢得支持。如果他们不这样做，这就不是一段健康的关系，你需要结束它。

一切交给你了

如果你已经走到了这一步，你现在已经具备了你需要知道的以及你需要做的一切来确保你未来的财务状况。

记住这 3 个步骤：

（1）花的比赚的少。

（2）预防灾难。

（3）智慧投资。

在一生中始终如一地坚持这 3 个步骤可以保证你在财务上成功。现在你可以把你所学的一切都运用到实践中去。

记住，你不必一次做完所有的事情。首先，要掌握花的比挣的少的原则。然后，一旦所有坏账被清理干净，就用这个常规的省钱原则开始投资。

最后一个要点。你在财务方面所做的决定很少是不可逆转的，所以如果你犯了错误，你大可选择转换另一条道路。通过有意识地考虑你的财务状况并定期回顾，你会很快发现事情是否像它们本该有的样子。

这应该能让你从对任何一个决定的过度焦虑中解脱出来。相反，做出选择并执行。然后，在回顾时，你可以看到你所做的决定是否正确。

记住，在“掌控金钱”网站上有更多资源。有数百个播客和视频，以及一些课程和电子书来帮助你进行预算和投资。

我真诚地希望，这本书有助于澄清一些大家喜欢在金融服务中使用到的看似晦涩难懂的术语和短语。我希望它能激励你掌控自己的财务。

我知道，如果你长期坚持这 3 个步骤，你就能确保自己未来的财务状况。我很想听听你们正在取得的进展。所以，你们通过网站联系我，让我们来谈谈。

祝你好运。

致谢

感谢我的联合主管罗杰（Roger）、查斯（Chas）和迈克（Mike），以及杰克逊财富管理公司的所有团队成员，感谢他们在我录音的时候在办公室内轻手轻脚地走动，感谢他们在接手“掌控金钱”业务时始终坚守岗位。我很荣幸能领导一个如此优秀的团队，他们让我的工作变得轻松。

同样的感谢也要送给汤姆（Tom）、贾斯汀（Justin）、乔治（George）以及七投资管理公司（Seven Investment Management）的团队，他们从 2011 年 3 月的第 100 集视频开始进行资助。多年来，他们的财政支持和鼓励是非常宝贵的。假如没有他们，我可能做不出现在这样的成绩。

克里斯（Chris）、安迪（Andy）和朱莉（Julie）是我的智囊团伙伴。我们［以及前成员保罗（Paul）和理查德（Richard）］每隔一周的周一会见面，他们会时刻提醒我保持警惕。他们都是处于事业巅峰的企业主，但仍保持着谦虚、可教育、超级支持的态度。是他们督促我完成了这本书，当然，在其他很多方面他们都给了我帮助——谢谢你们，你们太棒了！

感谢克雷格·皮尔斯（Craig Pearce）和哈里曼出版公司（Harriman House）团队，感谢你们帮助我实现了出版一本书的夙愿。

感谢所有听过播客、看过视频、在 iTunes 上留言或给我发邮件的人。你们给我提供了这么多素材，我永远也说不完！

最后，我想跟我的父母亲乔尼和凯伦（Jonny & Karen），还有瑞秋（Rachel），以及我的姻亲特里（Terry）、詹妮弗（Jennifer）、保罗（Paul）和利安（Leanne），以及所有的侄子侄女说一句——感谢你们让我拥有世界上最好的家庭。